"十四五"时期国家重点出版物出版专项规划项目　世界马克思主义与左翼研究论丛　主 编◎姜 辉

中国社会科学院马克思主义理论学科建设与理论研究工程项目资助出版

新唯物主义：阿尔都塞、巴迪欧、齐泽克

[美] 杰夫·普菲弗 Geoff Pfeifer 著

陈慧平 译

当代中国出版社
Contemporary China Publishing House

版权合同登记号 图字：01-2109-6578

图书在版编目（CIP）数据

新唯物主义：阿尔都塞、巴迪欧、齐泽克 /（美）杰夫·普菲弗（Geoff Pfeifer）著；陈慧平译 . -- 北京：当代中国出版社，2022.4（2025.7 重印）
ISBN 978-7-5154-1152-1

Ⅰ.①新⋯ Ⅱ.①杰⋯②陈⋯ Ⅲ.①唯物主义—研究 Ⅳ.① B015

中国版本图书馆 CIP 数据核字（2021）第 231617 号

出 版 人　蔡继辉
责任编辑　宋卫云
印刷监制　刘艳平
封面设计　马　帅
出版发行　当代中国出版社
地　　址　北京市地安门西大街旌勇里 8 号
网　　址　http://www.ddzg.net
邮政编码　100009
编 辑 部　（010）66572264
市 场 部　（010）66572281　66572157
印　　刷　北京润田金辉印刷有限公司
开　　本　720 毫米 ×1020 毫米　1/16
印　　张　14.25 印张　1 插页　184 千字
版　　次　2022 年 4 月第 1 版
印　　次　2025 年 7 月第 3 次印刷
定　　价　65.00 元

献给莫里与艾伦

"世界马克思主义与左翼研究论丛"
总　序

新中国成立 70 多年来，特别是改革开放 40 多年来，伴随着我国社会主义建设和改革事业的发展，我国的世界马克思主义研究经历了从起步到初具规模再到迅速发展的过程，也取得了一系列重要研究成果。国内译介了大量国外马克思主义流派和思潮的代表著作，推出了一批批具有真知灼见的研究成果，对促进我国的马克思主义研究发挥了重要作用。在不断引进、吸收国外著述和成果的同时，我国有关领域的学者坚持"引进来"和"走出去"相结合，不断把当代中国马克思主义研究成果推向世界，从国际视野出发坚持和发展马克思主义。对于世界马克思主义研究，不同领域、不同学科的研究者从不同的研究视角出发，着眼于不同的研究主题，见仁见智地提出了各自不同的观点，甚而进行了针锋相对的思想碰撞。在这样的争论中，世界马克思主义研究视域不断拓展，研究主题逐渐丰富，问题意识日趋明晰，为发展当代中国马克思主义服务的作用也日益凸显。

进入 21 世纪以来，世界正经历百年未有之大变局。当前，新旧国际秩序加速更替，"东升西降"的发展趋势日益明显，世界发生着有利于马克思主义和社会主义的深刻转变。处于新一轮衰退期的世界资本主义与处于新一轮上升期的世界社会主义之间的竞争和博弈更趋激烈，中国特色社会主义成为世界马克思主义的旗帜和世界社会主义的中流砥柱，且引领示范作用不断上升。我们就是在这样的时代背景和世界形势下推动世界马克思主义和世界社会主义研究，恢复并提振马克思主义真理的力量，提升运用马克思主义研究和解决实际问题的能力，不断推动 21 世纪马克思主义丰富发展。

总的来说，我国的世界马克思主义研究取得了较大成绩，但同时代和实践发展的要求相比，同发展 21 世纪马克思主义的时代任务和要求相比，世界马克思主义研究需要全面提升和加强，世界马克思主义学科需要建立、完善和发展，需要从整体上提升世界马克思主义研究水平。从研究层面看，应该从整体上把握世界马克思主义发展趋势，关注世界马克思主义研究的重大理论和现实问题，加强对当代世界前所未有之大变局的研究，加强对当代世界社会主义新情况、新特点的研究，加强对当代资本主义新变化、新趋势的深入研究，加强对当代中国马克思主义、21 世纪马克思主义的研究，为在新时代发展马克思主义作出原创性贡献。为了更好地加强对世界马克思主义和西方左翼的研究，中国社会科学院马克思主义研究院策划出版了这套"世界马克思主义与左翼研究论丛"。

本套丛书涉及的研究范围广、问题多，包括马克思主义基本理论，现实社会主义国家发展，发达国家与发展中国家的马克思主义和社会主义，国外左翼政党和社会运动，世界马克思主义流派和思潮，等等。在研究中着重体现了以下方面的原则和特点：

一是加强对世界范围内马克思主义发展的全面系统研究。世界马克思主义流派众多，如何看待这些流派的性质和内容，如何在研究中以我为主、为我所用，是至关重要的问题。我们研究世界范围内的马克思主义，目的是服务于发展当代中国马克思主义、21世纪马克思主义，所以要以科学、辩证的态度，挖掘有价值的资源，吸收有益成果，拓展我们的视野，得到有意义的启示。习近平总书记指出："对国外马克思主义研究新成果，我们要密切关注和研究，有分析、有鉴别，既不能采取一概排斥的态度，也不能搞全盘照搬。"[1]国外马克思主义研究内容庞杂，价值取向多元。有的思潮流派从总体上看是在马克思主义框架中研究问题，基本上属于马克思主义范畴；有的虽以"马克思主义"自称，但从实质上看偏离了马克思主义基本原理和价值取向；有的以"创新马克思主义"为旗号，实际上歪曲和否定马克思主义。为此我们要真正坚持马克思主义立场观点方法，区别根本性质，辨析基本观点，挖掘积极内容，并在具体的历史和社会条件下具体对待各个流派和思潮，用科学辩证的态度来研究和认识国外马克思主义。同时，结合当代马克思主义发展的理论需要和现实需要，坚持问题导向，注重吸收有益资源为我所用，通过比较鉴别获得启示，积极推动马克思主义的理论创新，推动21世纪马克思主义的发展。研究中应避免单一化、碎片化、片面化、抽象化、凝固化，秉持批判精神，既深度挖掘国外马克思主义和左翼思潮的合理内核，又分析其立场和方法的局限，认真吸收有益资源，为继续丰富发展马克思主义服务。

二是加强对重大理论和现实问题的研究。当前，全面推进世界马克思主义研究，有三个方面是相互联系、密不可分的：一是世界资本主义研究，二是世界社会主义研究，三是中国特色社会主义研究。只有坚持问题导向，把这三方面研究有机结合起来，才能全面地看问题，深刻掌握世界马克思主义和社会主义的发展现状和趋势。还有，研究中把关注的焦点集中在21世纪

---

[1] 《习近平谈治国理政》第2卷，外文出版社2017年版，第67页。

初世界资本主义与世界社会主义的新发展、新变化、新特征，关注两大制度之间在新的力量对比格局下的合作、竞争态势和趋势，关注资本主义危机对两大制度及其关系的影响，关注世界格局和世界体系的演变及走向，关注国外左翼及进步力量的应对战略策略新变化与实践活动新走向，等等，在研究重大理论和现实问题中推动世界马克思主义研究的发展。

三是加强对资本主义发展变化及其新特征的研究。习近平总书记在中共十八届中央政治局第四十三次集体学习时强调指出："当代世界马克思主义思潮，一个很重要的特点就是他们中很多人对资本主义结构性矛盾以及生产方式矛盾、阶级矛盾、社会矛盾等进行了批判性揭示，对资本主义危机、资本主义演进过程、资本主义新形态及本质进行了深入分析。这些观点有助于我们正确认识资本主义发展趋势和命运，准确把握当代资本主义新变化新特征，加深对当代资本主义变化趋势的理解。"① 当前，资本主义在经历新的危机后出现了许多全局性、根本性的变化，资本主义各种矛盾激化并深刻影响着世界政治经济格局。要通过全面深刻的研究，把握资本主义变化发展规律及其新特点，在"中国之治"和"西方之乱"的比较研究中，坚定中国特色社会主义的道路自信、理论自信、制度自信、文化自信。

四是加强对世界社会主义及其在 21 世纪新发展的研究。东欧剧变、苏联解体近 30 年了，经过时间沉淀、实践检验和历史过滤，在今天不断形成并凸显反映历史真相、趋于客观理性、揭示深层规律的经验教训的总结，意义重大，为 21 世纪世界社会主义的新发展和走向振兴提供了宝贵的历史借鉴。加强对国际共运史和东欧剧变、苏联解体的研究，可以以史为鉴，从世界社会主义的曲折发展中吸取教训，坚持和发展新时代中国特色社会主义。当前，中国特色社会主义成为世界社会主义发展的最大亮点，成为世界社会

---

① 《习近平谈治国理政》第 2 卷，外文出版社 2017 年版，第 67 页。

主义的标志性参照系。社会主义中国在世界东方的崛起，正在充分展示着社会主义的优越性、感召力和吸引力。中国在发展崛起中，最重要的是集中精力办好自己的事情，不断提高我们的综合国力，不断改善人民的生活，不断建设比资本主义具有优越性的社会主义，不断为我们赢得主动、赢得优势、赢得未来打下更加坚实的基础。在这样的时代背景下，加强中国特色社会主义与世界社会主义关系的研究，深入研究新时代中国特色社会主义的世界意义，对于 21 世纪马克思主义和世界社会主义的发展具有重大意义和贡献。

是为序。

2020 年 5 月 1 日

目　录

前　言

> 物质生活的生产方式制约着整个社会生活、政治生产和精神生活过程。不是人们的意识决定人们的存在，相反，是人们的社会存在决定人们的意识。[1]

在马克思的所有著作中，上述这段话也许是最为人们所熟知的。当人们谈论马克思主义的唯物主义时，它是被引用最多的段落，因为它最集中而鲜明地概括了唯物主义的精髓。通常而言，人们认为马克思的唯物主义与黑格尔的唯心主义正相反，马克思站在了黑格尔历史思维方式的对立面。在黑格尔看来，历史产生于概念或观念。正是在观念性历史过程中，作为类或者"精神"的我们意识到我们自身存在的意义。"精神"在黑格尔的术语中相当于艺术，这一艺术塑造出某种社会存在，而社会存在则将自身展现为特定的历史阶段。随着历史不断向前发展，精神对社会的塑造也不断更新，且不断自我超越。在万事万物不

1

断展开的历史过程中，每种特定形式的精神都会产生出新的存在形式，而每种新的存在形式也都是之前的存在形式所蕴含着的精神（概念）的产物。根据黑格尔的论述，我们总是一种被呈现、被具象化的存在，而由我们所具体呈现的正是特定形式的精神，这种精神是为我们量身定做的。换言之，精神可以说就存在于我们之中。这其中没有任何神秘的东西，它仅仅意味着我们（以及精神）处于世界之中，这个世界有特定的存在方式，展现出特定的（或者说有局限的）视角、理解方式、概念系统，借助这些视角、理解方式、概念系统，我们得以形成看待世界与我们自身的同一性理解坐标系。从这个角度来衡量的话，黑格尔所研究的历史运动正是观念的进步过程，人类运用这些观念把握自身的存在，同时使历史进步过程逐渐变得明晰。因此，历史中的"物质"（例如，人类社会的机构、共同体、事件等）就是任何一个特定历史阶段的概念性意识的物质体现，是这些概念不断展开自身的丰富性体现，它们不断地变成现实的组成部分。对黑格尔思想的这种理解，可以得出与马克思的思想不同的结论：是人类的意识"决定他们的存在方式"。例如，在一个既定的社会中，其经济运行，法律、财产制度的制定规则，以及文化实践可能是被该社会对"自由"概念的理解所规定的，展现出"自由"概念的外在性。[2] 在对黑格尔的这种理解中，"精神"总是处在驱动性位置上，精神的内涵是决定人类社会的物质条件的东西。

而从马克思的思想发展看，他试图反转黑格尔的论点（当然，这里所说的是通常而言的马克思主义解读），马克思认为，不是精神，而是社会生活的物质条件决定了我们拥有什么样的观念，决定了我们的自我理解，也决定了我们对生活于其中的世界的理解。正是特殊的、既定的、历史的人类社会生产和组织的物质方式，形成了我们对世界与我们自己的概念化整理方式。从社会发展的角度看，一个人可以得出某一结论，如他对于自由的一般性观念，以及他作为自由个体的特殊性存在，都是被某种方式所决定的，这种方式也就是被物质存在（对马克思来说，是经济）状况与生产力所决定的世界的组织方式。在这个正统而流行的故事中，以物质、技术、工具，以及生产方式作为基础的物质力量，驱动着人类历史的前行，并且决定着一个社会共同体的自我意识。可以说，首先要有物质，然后才有观念产生于这种物质，这就是唯物主义。对许多马克思的追随者来说，马克思的思想就是这样的唯物主义，他们对历史的这种唯物主义解读将马克思置于一个传统而又悠久的哲学对立，即唯物主义与唯心主义的唯物主义一极；而唯心主义（以上述黑格尔的哲学论述为代表）则意味着认同社会领域的最主要、最基本的决定因素是观念或意识（以及它们的历史发展）。唯物主义者们驳斥唯心主义者时称：与唯心主义认为的相反，社会领域最主要、最基本的决定因素是物质（意识是它的物质基础的产物）。

　　进而，对于马克思的读者和信奉者来说，上述马克思主义的唯物主义也将马克思置于一种更普遍化的、广泛流行的哲学唯物主义立场上，亦即正统唯物主义。从这种唯物主义信条出发，世界上没有或几乎不存在偶然性：物质是世界的基础，并且世界是被因果关系定律所决定的，无论是什么样的物质存在，都是之前物质存在的结果，而这种物质存在也将作为其后的物质存在的原因。那些非物质的东西（思想、观念或精神）也必然是由它们之前的事物所产生的，而这些事物都是被物质所支撑的。沿着这一思路，马克思的唯物主义对待人类历史所采取的就是一种严格的决定论立场。决定论的历史唯物主义在不同程度上影响着接受或阅读马克思著作的人们。正如爱德华·伯恩斯坦（Eduard Bernstein）所精确阐述的：

　　　　对历史的唯物主义阐述是否正确，其关键取决于对历史必然性的决定因素的认识。成为一个唯物主义者，首先意味着要去追溯所有现象之所以产生的各种必然的物质运动。根据唯物主义原理，这些必然性的物质运动作为机制展现在事物从开始到灭亡的过程，每个单一的存在阶段都是同一运行机制主导下的前一个物质运动阶段的产物。物质机制中的事实因素，作为幕后总施动者，决定着所有事物的出现，即使是看起来由观念引起的事物也同样如此。是物质运动决定着观念存在的方式，也决定着意志前进的方向，因此，也最终决定着人类社会在观念和意志引导下的历史事件的不可避免性。就此意义而言，唯物主义可以说就是没有上帝的加尔文主义。即使信奉这种唯物主义的人不相信由神圣上帝预先规定的道路，他也一定会相信：从任何一个随机选择的既定历史时刻出发的所有未来事件都是预先决定了的，决定这些事件的是所有现存的物质，以及它们所具有的规定着前进方向的"力"。唯物主义对历史的解释能力意味着，首先，人们应该相信，所有的历史事件及其发展都是不可避免地要发生的，问题只在于，人类历史的这种不可避免性以何种方式出现，哪种力量因素，或者说决定力量中的哪些因素具有最后发言权，决定力量的各种因素之间是什么关系，历史的哪个部分能够呈现这些关系的性质，如政治经济、法律机构和思想观念等相互作用中的哪个部分最有代表性。[3]

上述观点在马克思主义的历史理论中流传很广，举例来说，不仅像伯恩斯坦这样的思想者持有并宣扬这种观点，在法兰克福学派的理论，以及所谓的"分析的马克思主义"流派中，这种观点也有所呈现。虽然在分析的马克思主义理论中，上述唯物主义历史观被些许地予以形式化的改变。

在分析的马克思主义看来，唯物主义的决定论是在解释的功能性意义上来使用的。以 G.A.柯亨（G. A. Cohen）为例，他认为对一系列既定的生产关系与上层建筑来说，唯物主义的物质基础（生产力）具有解释功能。特定的生产关系与上层建筑之所以具有某种存在方式，是因为只有以这种方式，它们才能很好地支撑和促进生产力的发展，这是一种唯物主义决定论的解释（因此这也是一种功能主义解释：生产关系与上层建筑被评估为能够很好地服务于生产力的发展）。进一步来说，是社会的物质存在决定着社会的其他存在，社会的其他部分之所以能存在是因为它们能够发挥促进生产力发展的功能。

当然，在很大程度上，柯亨也像伯恩斯坦一样，认为人类的历史行进在一条被决定了的道路上。他曾经这样写道："对马克思来说，历史前进的道路，尤其是未来的社会主义革命，是不可避免的，它们之不可避免，不是因为人们做了某些事情使它们不可避免，而是因为作为理性的人类，被束缚、被指定了要去做这样的事情，因而造成了不可避免的结果。"[4]根据这种理解，由于人类承载的功能（理性），以及这种功能的发展，历史（也即理性的发展）也就具有了决定论的目的性。因此，也可以说，柯亨的历史唯物主义观与伯恩斯坦的历史唯物主义一样，是一种"没有上帝的加尔文主义"。

上文已经提到，法兰克福学派的一些成员也表达过类似的唯物主义的理论观点，但是他们所表达的"加尔文主义"的唯物主义所采取的论调与分析的马克思主义正相反。1931年，马克斯·霍克海默（M. Max Horkheimer）就任法兰克福研究所主任，在他的就职演说中，他对自己所领导的法兰克福研究机构的目标做出了如下表述：

　　……对人类历史起伏盛衰的命运的哲学解释不应仅停留在个体层面，相反，它主要是在集体层面展开的。因此，法兰克福学派的首要关注点是以人类社会生活为背景的现象，这一现象只能在集体层面得到解释：如国家、法律、经济、宗教，一言以蔽之，只能在人类的整个物质和思想文化中得到解释。[5]

根据霍克海默的说法，哲学研究应聚焦于：

> 社会的经济生产、个体的物质发展与狭义的文化变迁之间的关系（广义的文化不仅包括所谓的智力因素，如科学、艺术、宗教，而且包括法律、习俗、时尚、流行观念、体育、休闲活动、生活方式等）。[6]

像柯亨一样，霍克海默的这种唯物主义观也意味着他把社会的经济生活当作最根本的物质基础，它们支撑和决定着一个社会中的成员对他们自身的理解，以及这一理解的发展过程，即，物质基础决定人们如何理解世界，如何理解自己，如何理解自身所处的某个特定社会的文化和政治结构整体。在霍克海默早期的研究生涯中，他相信这种解释有助于人们对一个社会的文化和社会结构的理解，因为它把文化中的历史偶然性因素纳入思考视野，"从而促进一个可期待的文明社会的形成"。在年轻的霍克海默眼中，社会生活与公平正义相距甚远，不仅如此，事实上，社会现实呈现出的是文明和公正的反面。[7]

但是，到了后来，霍克海默发现，从唯物主义原理出发设想的解决方案并没有奏效，对社会结构的唯物主义分析并没有把社会运行从不公正和压迫性的结构中解放出来，相反，它加剧了社会的不公正和压迫性的一面，并且阻止了变化的可能。从现代性中产生的物质结构一方面把人类文化和个体封闭于其中，同时又具有控制文化与个人的力量，其封闭性和控制力如此强大，以至于使霍克海默在年轻时产生的愿望破灭了，他不再相信通过揭示压迫力量的特殊性、偶然性，通过阐明社会的可变性，一个人道主义社会就能从束缚它的结构性力量中解放出来，他转而去阐述物质力量中的潜在的不可改变性、决定性、整体性。霍克海默的观点是，社会理论与唯物主义哲学已经不能再承担解放人类的重任，相反，"哲学既不是工具也不是蓝图，它是服从于逻辑与现实的需要而产生的，它只是现代性道路的表征。在哲学的这种表征过程中，人们可以预见由现代性的长驱直入带来的可怕的相反效应与对抗力"[8]。无论如何努力，人类的自由都不可能在哲学的承诺中实现。我们能做的只有等待，把自己托付给社会变迁尚未完成的物质进程。从这里我们可以看出，霍克海默的加尔文式唯物主义是一种丧失了从根本上改变社会能力的唯物主义。在这种唯物主义中，现代人类完全彻底地被晚期资本主义的物质关系所决定，社会变化似乎已不再可能，因为改变社会的能力本身已经成为"一种惰性需求，这种需求导致了理性驱动下向环境的主动投降"[9]。物质力量决定着人类理性，"主动投降"则是被物质决定的理性历史地发展的结果，因此，我们能够做的只是等待物质进程本身的变化。

从思维运行上看，无论是柯亨的思路，还是霍克海默的思路，他们的唯物主义都与唯心主义没有什么区别，两者只是众所周知的一枚硬币的两面而已。柯亨和霍克海默的唯物主义建立在对物质决定因素的强调上，他们在提供解决方案时的立足点与唯心主义一样，只不过是站在相反的一极（不是意识决定存在，而是物质，或者说存在决定意识）。近年来，有许多学者著书立说，试图挑战这种长期流行的唯物主义观念，同时声称自己的观念毫无疑问的是属于唯物主义阵营的。这些学术努力在法国马克思主义哲学家路易斯·阿尔都塞（Louis Althusser）的理论中找到了根据。我在这本书中探讨的是其中的两名主要代表，即阿兰·巴迪欧（Alain Badiou）和斯拉沃热·齐泽克（Slavoj Žižek），他们都对阿尔都塞的思想进行了当代化的诠释。这两位理论家都把自己当作唯物主义者，但都认为自己的唯物主义区别于我们上述提及的唯物主义。与之不同，他们所持有的唯物主义是新型唯物主义，它试图在二元对立的唯物主义与唯心主义之外寻找立足点，同时，试图通过强调物质的功能性的非确定性质（并非目的论意义上的），消解传统唯物主义与唯心主义的对立，至少他们理论中的一部分内容呈现出这样的意图。沿此思路，这种"新唯物主义"认为自己既与唯心主义相对立，同时又与上述的通常所认为的唯物主义相对立。

在本书的前两章，我将论述阿尔都塞的思想建构过程，以之作为巴迪欧和齐泽克的新唯物主义产生的背景。阿尔都塞的思想发源于政治与哲学两方面的斗争。从政治上看，阿尔都塞的理论是他批判法国共产党的政策的产物；从哲学上看，阿尔都塞的理论是他与马克思唯物主义的斯大林的解读作斗争的结果。斯大林的唯物主义理论认为决定个体意识、历史变迁与社会进步的力量不是别的什么，而是资本主义的经济发展过程。正如我们将会在以下论述中看到的，是阿尔都塞而不是马克思自己竭力摆脱我们在上文中提到的唯物主义。更进一步地，阿尔都塞还去解构这种唯物主义，他提出，从社会的物质决定条件的存在方式看，它们从来都不是铁板一块，虽然就静态社会的结构而言，物质条件确实是社会的基础，但因为物质因素不是铁板一块，这种基础也就具有多元、矛盾的性质。某种社会结构之所以存在，恰恰是由这种多元、矛盾的物质基础决定的，这些基础的物质条件导致社会作为一个整体包含着差异、矛盾，以及未确定的社会形式，因其未确定性，这个社会才可能走上不同的、其终点不可预测的道路。虽然社会发展的道路不可预测，但是阿尔都塞认为，通过追溯地重构物质基础的各种因素，追溯地重构它是如何在既定历史阶段占据主导地位的，我们仍然能够理解这条从过去继承下来的社会发展道路。

然而，阿尔都塞对唯物主义的理解也暴露出传统唯物主义存在的问题。[10]如果说决定着社会结构的物质基础本身是多元的、分化的、矛盾的，那么，我们就不能确定无疑地声称，唯物主义作为基本原理能够保证人类历史或者行进在目的论所描绘的道路上（如柯亨所理解的），或者行进在完全不可能达到其目的的道路上（如霍克海默所理解的）。事实上，我们如何理解我们自身（我们的"自我意识"），以及我们的世界是怎样被组织起来的（既在观念上，也在社会结构上），在某种意义上取决于非决定的偶然性物质力量总体。因此，人类历史是非目的论的。在重新理解偶然与必然的关系的问题上，阿尔都塞写道："我们不应该只是把偶然性当作必然性的一种形态，或者是必然性的一种例外。相反，我们应该把必然性理解为只是人类遭遇偶然的物质运动时所形成的必然。"[1]最关键的不是物质的决定因素、固定性、必然性，虽然物质运动的确产生了这些面相，最关键的是物质的偶然性和变化。偶然性和变化才是"必然"得以成立的根基，正因为这样，必然性永远是不固定的，它总是会被撤销和改变的。然而，正如我们将要分析的，在克服目的论唯物主义的努力中，阿尔都塞本人的理论却让他陷入了在解释上无能为力的困境，这也是一种马克思主义的困境。如果社会存在的任何变化都是由多因素的动态物质结构来决定的，那么，人类的角色是什么，人还能有什么样的作为呢？在本书的后四章中，我将分析这些问题。我们将会看到，阿尔都塞的洞见与他的马克思主义观所遗留的问题正是新唯物主义得以产生的决定因素和基础。从各自的视角出发，巴迪欧和齐泽克分别继承了阿尔都塞理论的某些合理的观点，同时尝试着去解决阿尔都塞理论中的某些内在缺陷。

"新唯物主义"是本书所关注和阐释的内容。近年来，关于阿尔都塞、巴迪欧、齐泽克等人的二手研究资料不断增多，既有关于他们思想的研究，也有围绕他们的思想进行的相关争论。本书的宗旨一是为这些不断增长的相关研究提供参考（本书的研究资料主要集中于对这些思想家的近期研究内容上）；二是介绍上述思想家的个人观念，着重于解释他们的唯物主义立场，尤其要强调的是，阿尔都塞、巴迪欧、齐泽克中的每一个人，以及他们作为一个思想整体打造出一种独特的哲学路径，这一路径能在阿尔都塞的著作中找到其历史基础，这一路径也为走出陷入唯物主义与唯心主义二元对立之传统哲学困境提供了方法。

在进行论证的过程中，我当然也要面对这种独特哲学路径尚未解决的问题。这部分内容体现在我对巴迪欧与齐泽克两人思想差别的阐述中，巴迪欧与齐泽克都试图克服阿尔都塞主义留下的问题，但两人的解决思路不同。在本书的第三章中，我对巴迪欧的思想进行了解读，揭示出阿尔都塞对巴迪欧思想进程的影响。在第四章中，我提出自己的观点，认为巴迪欧对阿尔都塞遗留问题的解决是不充分的，巴迪欧思想中的阿尔都塞传统使他不自觉地成了一名结构主义者。阿尔都塞曾指出结构主义的实质是唯心主义的，陷入结构主义是一种危险倾向，不利于思想的发展。在第五章中，我把目光转向齐泽克，通过解读齐泽克的著作，寻找齐泽克对阿尔都塞理论的承接线索，同时在最后两章中研究他是如何回应阿尔都塞理论中存在的问题的。我认为，齐泽克的思路避免了潜在的唯心主义，而潜在的唯心主义却是巴迪欧近年来研究中出现的暗礁。齐泽克用于解决唯物主义理论问题的工具是回归和重新理解黑格尔，他用拉康主义的马克思主义来探讨黑格尔的哲学，黑格尔也因此成为唯物主义思想家的代表。这部分内容将贯穿于第五章和第六章。

最后，还有一点需要提及，这似乎也是任何认真地研究齐泽克的著作需要提及的，那就是围绕齐泽克而产生的各种争议。这些争议或者是由他这个人的个性所引发，或者来自不断新鲜出炉的关于他的报道，在仿佛永无休止的各类报道中，毁损有之，赞誉有之，它们激发了人们在媒体、微博、大学走廊及其他类似地方的热议。这种情况也越来越多地存在于巴迪欧那里，只是在规模上要小于关于齐泽克的争论。我既没什么兴趣，也无意介入这种争议和争论中，我在这本书中既没有把这两位思想家当作上帝，也没有把他们当作江湖骗子，既不去神话他们，也不去贬损他们，我所做的只是客观地研究他们，客观地对待他们的思想。在我看来，他们不过是这样的哲学家：具有较长历史传统的马克思主义和批判理论的传承者（处于这个传承队伍的阿尔都塞学派之后，继承了阿尔都塞思想的合理内容）。读者将会看到，虽然我认为，在哲学与马克思主义研究方面，这两位思想家为我们提供了一种新的、重要的、令人兴奋的研究，但我的目标与当代其他理论家一样，是在批判理论的传统中批判地解读和探讨他们的思想的。因为只有这样，我们才能得到关于他们之所是的正确认知。这种正确认识既不比他们本身之所是更多，也不比他们本身之所是更少。

前言注释

1. Karl Marx, "Preface to A Critique of Political Economy" in *Karl Marx: Selected Writings 2nd Edition* edited by David McLellan (Oxford: Oxford University Press, 2000), 425.

2. 值得指出的是，黑格尔并不认为在一个既定共同体中，每个人对这些概念都具有相同的理解，或者说这些概念透明无碍地存在于这个共同体中每个人的头脑里。事实上，黑格尔的整个理论就是追溯特定时间与场合下，在这些概念下面所隐藏的、无意识的内涵。

3. Eduard Bernstein, *Evolutionary Socialism* www.marxists.org/reference/archive/bernstein/works/1899/evsoc/index.htm.

4. G.A. Cohen, *Karl Marx's Theory of History: A Defense* (Princeton: Princeton University Press, 2000), 147 Emphasis mine.

5. Max Horkheimer, "The Present Situation of Social Philosophy and the Tasks of an Institute for Social Research" in *Between Philosophy and Social Science: Selected Early Writings*, translated by G. Frederick Hunter, Matthew S. Kramer, and John Torpey (Cambridge and London: MIT Press, 1993), 1.

6. Ibid., 11.

7. Horkheimer, "Traditional and Critical Theory" in *Critical Theory: Selected Essays*, translated by Matthew J. O'Connell (New York: Herder and Herder, 1972), 221.

8. Horkheimer, *Eclipse of Reason* (New York and London: Continuum, 1947), 112.

9. Horkheimer, *Critique of Instrumental Reason*, translated by Matthew J. O'Connell and others (New York: Continuum, 1974), vii.

10. 当然，这一论点将在阿尔都塞那一章进行详细论述。

11. Louis Althusser, "The Underground Current of the Materialism of the Encounter" in *Philosophy of the Encounter: Later Writings 1978–1987*, translated by G.M. Goshgarian (New York and London: Verso, 2006), 193–194.〔Hereafter *PE*〕

参考书目

Althusser, Louis. *Philosophy of the Encounter: Later Writings 1978–1987*. Edited by Francois Matheron and Oliver Corpet. Translated by G.M. Goshgarian. New York and London: Verso, 2006.

Bernstein, Eduard. *Evolutionary Socialism*, 1899. www.marxists.org/reference/archive/bernstein/works/1899/evsoc/index.htm.

Cohen, G.A. *Karl Marx's Theory of History: A Defense*. Princeton: Princeton University Press, 2000.

Horkheimer, Max. *Critique of Instrumental Reason*. Translated by Matthew J. O'Connell and others. New York: Continuum, 1974.

————. *The Eclipse of Reason*. New York and London: Continuum, 1947.

————. "The Present Situation of Social Philosophy and the Tasks of an Institute for Social Research" in *Between Philosophy and Social Science: Selected Early Writings*. Translated by G. Frederick Hunter, Matthew S. Kramer, and John Torpey. Cambridge and London: MIT Press, 1993. 1–14

————. "Traditional and Critical Theory" in *Critical Theory: Selected Essays*. Translated by Matthew J. O'Connell. New York: Herder and Herder, 1972.

Marx, Karl. "Preface to A Critique of Political Economy" in *Karl Marx: Selected Writings 2nd Edition*. Edited by David McLellan. Oxford: Oxford University Press, 2000.

第一章　路易斯·阿尔都塞与法国共产党

　　阿尔都塞所进行的是一场针对霸权的斗争，这种霸权存在于当时的法国共产党内部，它也是一种令人憎恶的教条主义，或者说是一种哲学上的刻板主义，在我看来（因为背景资料有限），这种斗争是非常必要的。

——雅克·德里达（Jacques Derrida）[1]

　　战争刚刚结束。我们又被迫投入党内激烈而无情的政治和意识形态战场：我们不得不践行我们所选择的道路，并承担其后果……在我们的哲学记忆中，这一阶段是知识分子携带着武器，寻找党内各种隐藏错误，希望能够消灭它们的时期；作为哲学家的我们没有自己的著作，但这不妨碍我们为所有的哲学著作制定政策。我们用无情的阶级标准为刀剑，对文学、艺术、哲学、科学进行简单切割和划分。如果

用一幅漫画来描绘这一阶段，并用一句话来总结的话，那么这
幅漫画的画面就是一面旗帜飘荡在虚空中，上面写着：资产阶
级科学，无产阶级科学。

——路易斯·阿尔都塞[2]

在前言部分我已经提到，关于阿尔都塞的这两章内容的宗旨是阐明他所
做的哲学尝试，一方面阿尔都塞试图通过这种尝试为马克思文本给出一个哲
学基础，另一方面他也以这种哲学基础为武器，与法国共产党存在的政治问
题进行斗争。当时的政治问题既包括众所周知的唯物主义的斯大林主义，也
包括后来流行于法国共产党中的人文主义的马克思主义。在他的著作中，阿
尔都塞不止一次地指出（对此我将进行详细论述），哲学既不是中立的，也
不是一种客观的、非政治的事业。相反，阿尔都塞在相关著作中这样阐述他
关于哲学的观点："对思想文化的哲学斗争是政治斗争的一部分。"[3]这也就
是说，哲学在本质上就是政治的。在后来的访谈中，阿尔都塞回答了自己与
法国共产党进行争论的问题，详尽地说明了作为政治斗争的哲学，并着重指
出，他的哲学著作，至少部分地是为了转变法共的政治观念。

我于 1948 年加入法国共产党，希望能改变法国共产党的状
况。当时我只能以哲学的方式做斗争，别无选择：至少在 1970
年前，如果我以政治的方式去改变法共的政策，我就会立即遭
到驱逐。法共拒绝出版我的哲学著作（关于马克思的），认为它
们是异端邪说，是危险的……因此，如果我想改变法共，只有
一条路可走：以纯理论的方式，即哲学的方式去改变。[4]

在本章的以下内容中，我将探讨阿尔都塞的哲学斗争所发生的政治和意

识形态背景。为此，我一方面要回顾这一历史时期法国共产党的政治处境，另一方面也将扩展视野，回顾在阿尔都塞之前，以及阿尔都塞生活于其中的法国的马克思主义思潮，因为这些内容对理解阿尔都塞理论中隐含的政治动机至关重要。需要指出的是，本书的目标既不是提供对这一阶段法国共产党的历史研究，也不是提供对这一阶段法国的马克思主义研究，实际上，已经有其他学者在这方面做了非常有价值的研究。[5] 可以说，我在本书中想要做的只是聚焦于这一历史时期的一两个因素。具体说来，一是关于法国共产党所持的斯大林主义观念，即把科学划分为无产阶级科学与资产阶级科学；二是在后来开展的关于党的理论基础的斗争（与它的后果），这些内容正是 20 世纪 60 年代阿尔都塞大部分理论的政治与哲学背景。我所要揭示的是，法国共产党关于文化的日丹诺夫主义（在艺术与文学领域）的争论如何为法共接受斯大林主义科学观铺平了道路。我所做的探讨在某种程度上也是填补理论空白的工作，因为围绕这一时期的内容及其对阿尔都塞理论影响的文献研究并不多（至少在英美学界不多）。

—

我要讲述的故事开始于 1947 年，那一年，欧洲共产党和工人党情报局成立。如麦克斯韦·阿德雷斯（Maxwell Adereth）所言，表面来说，欧洲共产党和工人党情报局的成立是对杜鲁门主义的回应，它由"九个党组成（七个掌握国家政权的欧洲共产党，另外还有法国共产党和意大利共产党），其成立目的是'交换观点和情报'"[6]。实际上，欧洲共产党和工人党情报局发挥的是一个权力机构的作用，它贯彻的是斯大林的理论主张，领导人是安德烈·日丹诺夫（Andrei Zhdanov）。在"社会主义的现实主义"这一领导原则下，日丹诺夫所做的是执行和促进斯大林的"两种文化"观。根据"两种文化"观，世界上存在着两种文化，"一种是资产阶级的、颓废堕落的文化，这种文化的目的是维护现存的社会经济秩序，为该秩序的正当性做辩护"。与资产阶级文化相对的是无产阶级文化，无产阶级文化的目的是"服务于革命"。[7] 在日丹诺夫的领导下，欧洲共产党和工人党情报局的一个主要任务就是积极地培育和团结无产阶级文化，同时不遗余力地消灭资产阶级文化。为此，在制定政策方面，就要求"艺术与文化创作必须要描绘工人的生活和工作情况，要塑造'正面的英雄'的形象，并以这些文学作品来吸引工人，增强党的凝聚力"[8]。

欧洲共产党和工人党情报局的文化政策指令，自然也是法国共产党和其他八个欧洲共产党都需要无条件执行的。然而，法国共产党并没有全心全意地执行这些命令（至少在开始是如此）。1947年之前，虽然法共也坚持苏联提出的社会主义的现实主义，但它同时保持着相当大的自主性，至少在从1934年到欧洲共产党和工人党情报局成立的这段时间，法共并不那么坚信"两种文化"主张，而是采取一种更接近自然主义的立场，以及多元的文化观。[9] 正如圭亚特（Cyrille Guiat）所言：

在1944年到1947年间，法国共产党的文化政策是非常宽容的，这种宽容政策与它当时同其他党进行政治合作的国际策略相符合，而且当时的法国共产党还鼓励党内的知识分子与非党的知识分子进行公开辩论。[10]

关于法共当时的开明文化政策，与圭亚特所指出的事实相呼应的是阿德雷斯的说法，他认为，1943年法国共产党的角色是帮助组织和促进法国作家协会的工作。法国作家协会是一个面向所有法国作家的组织，无论持何种政治观点，都可以成为会员，包括党员，也包括非党员知识分子。[11] 在这一阶段，还有两本杂志也起到促进多元文化观的作用。一本是《法国文学》，这是一本共产主义月刊杂志（但也刊发非共产主义内容的作品）；另一本是《行动》，由抵抗运动中的作家发起，但也并非严格意义上的共产主义刊物（它对非共产主义的作家也是很友好的）。[12] 因此，当欧洲共产党和工人党情报局把它的文化政策强加于法国共产党之时，法国共产党内部产生了争论，争论的议题是法共将在何种程度上执行日丹诺夫主义。当时，法国的知识和文化领袖罗杰·伽罗迪（Roger Garaudy）在《法国文学》上发表了一篇文章，题目为《"共产主义美学"之说不成立》。在文章中，伽罗迪提出不同观点，正如文章标题所表明的，他认为世界上不存在仅仅属于共产主义的美学，"共产主义艺术家应该被给予一定程度的创作自由，共产党不应该把社会主义的现实主义作为模式或信条强加于人"[13]。在另一篇作品中，伽罗迪再次申明他的立场，提出"马克思主义不是监狱，而是理解世界的工具"，把某种模式强加在马克思主义知识分子头上的做法是有问题的。[14]

对于伽罗迪的观点，路易斯·阿拉贡（Louis Aragon）代表正统思想提出反对意见，他认为对于共产主义艺术家和知识分子来说，唯一恰当的美学观即是由日丹诺夫和社会主义现实主义所界定的美学观。在回应伽罗迪的一篇文章中，阿拉贡指出，伽罗迪自己也曾批判过其他的美学思潮，如最著名的与存在主义密切关联的美学观："如果所有的美学都是好的，为什么伽罗迪三番五次地激烈批判存在主义？我并不是指责他的批判，我只是想反问他，一名共产主义者可以同时也是一名超现实主义者吗？"[15]

此外，阿拉贡还论证说，即便伽罗迪撤回他对存在主义美学的批判，使他自己站在一个更为中立的立场上，他的说法依然是站不住脚的。中立立场的结局是"艺术上的逃避主义，是艺术的不确定性，是统治阶级在折衷主义掩盖下释放的文化毒药和意识形态烟雾"[16]。最终，阿拉贡及其追随者们赢得了这场论辩，伽罗迪则被免去职务，取代他的是劳伦特·卡萨诺瓦（Laurent

Casanova）。日丹诺夫主义正式成为法国共产党的文化政策。

法国共产党的领导也因此将法共的文化任务界定为发展无产阶级文化，正如圭亚特所描述的："……大部分都以苏联模式为样板，采取了无产阶级文学样式，即描写工人的工人著作，以服务于工人为目标，反映工人在工厂的生活，等等。"[17]事实上，欧洲共产党和工人党情报局，以及法国共产党，不仅极力促进和支持以无产阶级艺术为核心的文化产品，而且要求其他知识领域的活动也要服从"两种文化"观，包括以下将要讨论的科学研究活动。

二

大约在同一时期，乌克兰农学家特罗菲姆·李森科（Trofim Lysenko）开始在苏联得势，欧洲共产党和工人党情报局（以及最终法国共产党）把两种文化观宣扬推广到其他领域，认为在科学中也存在"两种文化"，一种是资产阶级的科学，另一种是无产阶级的科学，只有无产阶级的科学研究才能接近真理。李森科反对孟德尔遗传学，他的根据是，不是由基因物质决定的遗传，相反，遗传来自"整个有机体的关系及其主导环境，环境的改变可以影响生命有机体的遗传，更进一步地，环境改变带来的影响还将遗传给下一代有机体"[18]。换言之，李森科拒绝接受遗传中有固定生物因素的观念，他认为，驱动遗传的只有环境因素，只有环境因素能够影响单个有机体，以及它们的后代（他反对生物决定论，认同环境决定论）。另外，李森科还拒绝单个物种成员之间相互竞争的观念，认为这种观念没有证据支持。[19]在向上钻营和推广自己的观点上，李森科非常在行。他很快意识到，他可以把自己的观点嫁接到马克思主义上。多米尼克·拉古（Dominique Lecourt）指出，"李森科把自己对孟德尔遗传学的拒绝，解释为把马克思主义哲学范畴应用到生物领域：辩证法、矛盾、实践标准……整个辩证唯物主义的经典词语都被李森科用来组织和梳理他的观念。"[20]李森科在这方面确实不遗余力，正如莱尔（Lyle）根据李森科的论述，对孟德尔的遗传学所作的解释：

> ……相当于支持西方资本主义的帝国主义价值观，这种价值观来源于残忍的社会达尔文主义，最终被用来为剥削和压迫提供理论论证，例如，从美国资本主义的无情竞争论到希特勒在《我的奋斗》中所宣扬的种族与社会等级制，以及纳粹德国推行的可怕的优生论等。[21]

法国共产党对李森科的支持是确定无疑的，在很大程度上，这也是在文化的其他领域支持日丹诺夫主义的延续。1948年，《法国文学》和《人道主义》杂志发表了两篇文章［作者分别为让·萨皮纳兹（Jean Champenois）和乔治·考格内特（Georges Cogniot）］，讨论相关内容，文章对李森科的观点持赞同态度，而对孟德尔主义则持批判和讥讽态度。考格内特在他的文章中认为孟德尔主义是："资产阶级的、形而上学的反动理论。"[22]对李森科观念的支持不断巩固，进一步推进到了其他的法国杂志上，如《行动》杂志试图整合李森科和孟德尔的理论（继承了这一杂志多年来的多元主义做法）。[23]作为多元主义理论家，卡萨诺瓦撰文支持李森科理论，提出共产主义知识分子的任务是：

> 拥护工人阶级的所有意识形态和政治立场，无论在何种环境下，都要以最大决心维护共产党的所有主张……，增强自己对党的热爱，全心全意地为党的宗旨服务，尽最大可能为无产阶级提供无条件的理论支持和论证。[24]

上述论断可以作为证据，表明法国共产党内部的争论过程，以及该党已经从早期倾向于多元主义的立场转向了斯大林的"两种文化"观。这方面的例子还有很多，例如，阿拉贡针对考格内特所说的孟德尔遗传学具有资产阶级特征和反动本性写道："我自己不是一个生物学家，但我具有马克思主义信仰，这种信仰使我站在支持李森科的立场，我希望这场辩论的结局将证明李森科的支持者们是正确的。"[25]让·杜桑·德山提（Jean-Toussaint Desanti）在《小说评论》中写道：科学是"社会的产物"，也是"与历史相关的意识形态"，因此，"在科学中采取无产阶级立场，以无产阶级科学为标准"，这是"在科学研究中保持客观性的前提"。[26]对法共采纳李森科观念，以及与之相应的两种文化观，当时法国共产党的领导人莫里斯·多列士同样起到了促进作用。1951年，一群法共知识分子撰写的、在当时颇有影响的小册子《资产阶级科学与无产阶级科学》出版，在这本小册子中，他们为扩大两种文化观和李森科理论的影响摇旗呐喊。威廉姆·刘易斯（William Lewis）总结道：

　　虽然每位提供稿件的作者（为这本小册子）各自关注了不同问题，但都一致得出结论，认为至少从希腊时期起，就存在两种科学：一种是唯物主义和革命的，另一种是唯心主义和保守的。这些学者认为，在关于世界如何存在的问题上，唯心主义和保守派从根本上就无法提供正确答案，因为他们的观念建立在错误的实证主义假设上，认为规律是通过经验探索得来的。与唯心主义和保守派们相反，无产阶级科学（或者换一种说法称"科学社会主义"）从其核心方法上就承认理论与实践的辩证关系，从而能够得出关于世界的正确理解。[27]

　　通过上述一系列过程，法国共产党及其知识分子领导把斯大林的马克思主义当作了指南，运用这一指南，他们能够进行辨别和区分，区分出哪些文化与科学研究是资产阶级的，从而是唯心主义意识形态；哪些文化与科学研究是无产阶级的，从而是非意识形态的真理。这样一来，斯大林的主张本身就成为真理的标准，人们据此可以衡量出孟德尔的（资产阶级的）科学的错误，以及其他西方资本主义国家从事的科学实践的唯心主义性质，因为它们掩盖了资产阶级的本性。刘易斯总结说，"这些错误的科学研究总是去为资产阶级的意识形态服务。"[28]

　　然而，在法国，还有一些知识分子并不想遵从日丹诺夫和李森科提出的两种文化观。例如，在法共发表《资产阶级科学与无产阶级科学》小册子的同一年，阿尔伯特·加缪（Albert Gamus）就法共用斯大林／日丹诺夫／李森科主义来树立科学马克思主义的做法表达了自己的观点：

> 推行科学马克思主义必然要通过恐怖手段，这种做法并不令人吃惊。自马克思时代以来，科学进步大致体现在以暂时的可能性学说取代决定论和粗俗唯物主义。马克思在给恩格斯的信中称，是达尔文主义奠定了他们的方法论的根本基础。如果要使马克思主义成为绝对正确的真理，那就必然要否认达尔文以来的所有生物学新发现。因为所有这些新发现都与决定论教条相矛盾，都把有风险的不确定性引入了生物学领域，只有委身于李森科的理论，才能完成驯服染色体的任务，才能展现出非常初级的决定论的真理性，使它不至于陷入困境。[29]

　　所以说，两种文化观也遇到了抵制，但这种抵制并非来自法国共产党内部。这种情况持续了几年，直到1956年，赫鲁晓夫在苏共第二十次代表大会上发表"秘密报告"后，法国共产党开始强有力的"去斯大林"过程。我将在后面对此进行论述，因为它对于理解阿尔都塞的反人道主义的马克思主义至关重要。但现在，在简要提及阿尔都塞对马克思的解读后（在本书的第二章，我还要在这方面进行讨论），我想在阿尔都塞的理论背景下，先来讨论他如何构想与马克思主义科学中的斯大林观念作斗争，以及如何构想与"两种文化"观作斗争。

三

阿尔都塞认为很多人在解读马克思时都犯了一个错误，即认为马克思的早期著作与他的后期著作是一个连续的整体，这其实是有问题的。这一观点也是阿尔都塞理论为人熟知的内容。阿尔都塞指出，在马克思的早期著作中，马克思也在思想上陷入一种特定的意识形态中，一种费尔巴哈主义，只是到了后期著作的阐述中，马克思才自觉地从这种意识形态中超离出来，而认为马克思思想是一个连续整体的人并没有洞察到这一点。只是在费尔巴哈主义的影响下，马克思才宣称要终结异化现象，要在即将到来的共产主义社会中，使人性与人的"本质"相符合。[30]可以说，马克思关于人的"本质"的观念，以及建立于其上的认为有某种"真实"的人性迥然不同于处在资本主义生产方式下的人性的信念，来源于费尔巴哈（Feuerbach）的观念。费尔巴哈认为上帝不过是与自己的本质相异化的人的形象在宗教中的体现。[31]阿尔都塞认为，马克思在他的早期著作中并没有探讨"意识形态"，这是因为马克思当时还没有形成自己的意识形态理论，他也不需要这种理论，费尔巴哈主义的"人"，以及人与自身的"异化"为马克思提供了足够多的理论解释资源，可以用来批判资本主义，这一点在马克思的早期著作中是显而易见的。阿尔都塞指出，根据马克思早期的费尔巴哈观：

> 历史是异化的历史，是在非理性中产生出理性的历史，是

在异化的人中产生出真正的人的历史。在对此并无意识的情况下，人类在他所从事的异化劳动（商品、国家、宗教）过程中实现人的本质。失去本性的人创造了历史，而人必须假设有一种先于存在的确定本质。只有在历史的终点处，已经成为非人性的客体的人才能重新理解他的主体性，理解与财产权、宗教和国家相异化的他的本质，成为全面的人，真正的人。[32]

阿尔都塞继续论证说，上述观念后来被马克思本人抛弃了。在马克思的后期著作中，他开始使用经济基础与上层建筑（以及其他重要的意识形态概念）这种范式的概念装置。[33]马克思认识到，尽管费尔巴哈的理念最初有利于他的写作，但这一理念本身是应该被克服的，因为对人的"本质"的信念也不过是一种具体的意识形态而已，这种意识形态束缚了他的手脚，使他不能从彻底的唯物主义出发去分析社会现象。这些认识马克思早在写作《关于费尔巴哈的提纲》时就形成了，相应地，阿尔都塞也通过解读《关于费尔巴哈的提纲》的第六条来提供论据。这一至关重要的转折体现在马克思在第六条的开始段落中所写的："费尔巴哈把宗教的本质归结为人的本质，**但人的本质不是单个人所固有的抽象物，在其现实性上，它是一切社会关系的总和**。"[34]阿尔都塞指出：

　　想要从理论上正确理解马克思这句含义深远的话，我们就不能仅仅从字面上来解读，相反，我们需要仔细考察这句论断背后所体现的马克思思想的一种转变。这里所说的转变也就是马克思从费尔巴哈主义影响中脱离的过程，因此也是从费尔巴哈的人的本质观念中脱离的过程。1843年的马克思认为：人就是人的世界、社会和国家。但到了写作《关于费尔巴哈的提纲》

时，马克思认识到这种说法并不完全正确。人的世界并不是他的本质的对象化，它不仅是一种客体对象，它包含着所有令人震惊的现实性：所有的关系，都进入人的"本质"中。[35]

马克思作出《关于费尔巴哈的提纲》第六条的论断是有前提的，这个前提就是他已经在思想上清算了费尔巴哈对他自己的影响。正如马克思在这里所表达的，人们不是在人类世界的客体存在中（商品、社会、国家）发现异化了（因此需要摆脱，达到非异化）的人类"本质"，相反，是"社会关系"在一定时间内凝结为特定的"本质"，这种本质为人们提供了思想原料，去构想"人类本质"。这也就意味着并没有"抽象"的人类本质被异化和对象化，相反，是特定历史阶段的社会关系，以及这些关系的总和赋予本质之类的东西以生命。无论如何，这种本质并非真正的本质，它不过是一种意识形态的错误认识，这种误认把固定的本质或人类本性强加在现实之上。阿尔都塞认为，后期的马克思认识到人的"本质"并非什么可以"恢复"或永恒存在的东西，相反，人的本质不是固定的，它是被历史上的某种特定阶段的社会关系所决定的东西。进而言之，或许也是更重要的，如果脱离了特定历史阶段偶然形成的社会关系，这种"本质"**本身也不可能存在**。人类"本质"是一个"整体"，它依赖于构成它的前提的各种因素（如社会关系）。

阿尔都塞认为，正是因为重新理解了人的本质，马克思才开始了他的思想转变，即从人道主义转向反人道主义。根据前者，我们把人类社会当作通过对象化和调和，从本质的异化走向非异化；根据后者，我们认识到我们自己与我们的世界不过是一系列具体的、偶然的社会关系的产物，在历史的某个阶段，这些因素聚合成为一个特定的整体。[36]根据阿尔都塞的观点，马克思在他的文本中的论述从早期的对乌托邦的关注转向对社会关系（经济关系、生产力等）的分析，这是个不断明显的过程，而对人的重新理解，为这种转变打下了基础。

如人们所熟知的，为了给这一观点提供论据，阿尔都塞借用了加斯东·巴什拉（Gaston Bachelard）的"认识论断裂"的概念。阿尔都塞对巴什拉的理论借鉴是很多的，不仅在研究马克思文本时使用了巴什拉的观点，在其他方面也有所运用。我们可以看到，在阿尔都塞同法共对马克思主义"科学"的理解进行斗争时，他也是把巴什拉的理论当作工具来使用的，这也是我现在想要探讨的内容。为说明阿尔都塞对巴什拉的借鉴在他批判法国共产党方面的重要意义，我将以巴什拉对"认识论断裂"这一术语的理解和运用为起点展开探讨。

四

从巴什拉本人对认识论断裂这一概念的应用看，这一概念既指科学本身在历史中的变化，亦指一般意义上的由科学变化所引发的认识论的转变。与奥古斯特·孔德（Auguste Comte）一样，巴什拉认为，人类的知识追求历程可描述为一个剧烈变化的、不连续的过程，在这一过程中，以往关于现实的观念发生了断裂。根据巴什拉的理论，为了得到新知识，一名科学家必须与他之前所持的关于世界是什么的信念"决裂"。与孔德不同的是，巴什拉并不认为这种决裂只是某种功能，只是用来服务于一个人所持知识论立场的修改和纠正。

对巴什拉来说，认识论的断裂确实具有修正功能，但这种修正并没有揭示出存在于科学研究之前的真理，即没有提示出关于现实的本性。巴什拉指出，科学家所从事的实践套嵌于他对所研究对象的建构中，但科学家本人往往意识不到这一点，因而就会不自觉地陷入一种意识形态（也就是阿尔都塞所说的研究者与世界关系的幻象，下一章会有详细论述）。更进一步地说，科学家所从事的实践本身（也是在阿尔都塞的意义上）是完全物质性的，它会以一种辩证的方式（通过对研究对象的特殊性建构）作用于科学家的认知，影响科学家的概念图式。为了更清楚地认识这些内容，我们来仔细考察一下巴什拉如何描述这一过程，如何从科学研究中的决裂或者认识论的断裂概念开始，得出要拒绝以往头脑中认知的观念。

由断裂所决定的拒绝并非简单地排斥科学家关于世界本性的某些观念，然后修改为其他的观念，但就像笛卡尔怀疑一切那样，断裂确实意味着需要对某些信念进行清除，因为这些信念阻碍了人们把"新事物"纳入他们的思想视野，阻碍了人们接纳"新事物"的能力（在这个意义上，拒绝也是一种持续的警觉，它能确保陈旧观念不会悄悄地溜进科学活动中发挥阻碍作用）。正是科学家拥有的"新"经验使他得以拒绝以往的观念，虽然科学家本人可能对这一过程没有太多的意识。正如巴什拉所说的：

> 对科学家来说，知识产生于无知，就像光明产生于黑暗一样。科学家没有认识到，无知并非知识的缺乏，而是一个肯定的、顽固的、相互依赖的错误之网。科学家也没有看出，认知上的盲点是一种结构性的存在，每个正确的客观经验，都必须蕴含一个对主观性错误的纠正。但要把错误单个地予以清除并非易事，错误观念是相互关联着的，只有摧毁整个非科学思维，科学思维才能建立起来……[37]

巴什拉论述的重点仍然是孔德所强调的："无知"本身并不是真的缺乏知识，而是一种特殊类型的知识，是一种信念的纯粹肯定性之网，它们构成了科学家的前科学世界观（和自我理解）。巴什拉认为，肯定性网络的多种来源无不根植于社会历史进程。这也就是说，这一肯定性信念网络是社会影响的结果，是普遍通行的关于世界是什么的观念（也是教条主义的观念）灌输到人们头脑中的结果，通过教育，人们将这些观念内在化。教育可能是以明显的方式，如人们从学校接受的教育，也可能是以不太明显的方式，如个体在他的日常生活中体验到关于世界是什么的通行观念，这些观念存在于传统宗教、社会习俗等相关方面。而人们的这些日常生活体验是需要克服的，因为其中的肯定性信念之网相当于屏障，阻碍着人们对"新事物"的接受，只有拒绝了通行的旧观念，科学的世界观才能树立起来。关于旧观念对人类经验的影响，汤姆·艾尔斯（Tom Eyers）也进行了研究，他是这样论述的：

> 某位科学家或者某个科学家群体所特有的心理，必然会对科学研究产生影响，因为科学家也处于非科学影响的各种纷繁思绪中，在巴什拉所说的科学家的"认识论障碍"中，特定心理影响应该被纳入考虑范围，这些障碍潜在地影响着认识论转变的出现。[38]

构成科学进步、推动科学创新的是认识到"新"经验之所以为新的能力，而不是某种确证以往信念系统的能力。然而，为了体认新事物，一个人必须克服自己所拥有的旧信念，避免从旧信念系统出发看待现实世界。[39]

更进一步地说，正是对阻碍因素的拒绝过程产生了认识论的断裂，只有经过这种断裂，科学家在他的调查研究中才能获得"新"的实践经验。对"新"经验的获得不是去获得物质的某些纯粹客观的方面，而是开辟出某些新的可能性，经由新的可能性，这个科学家才可能去考察自己的信念网络，认识到该信念网络阻碍了他对新知识的获取，也是经由新的可能性，这个科学家才能与自己所持有的错误信念之网决裂。需要指出的是，对巴什拉来说，这一过程最终并非揭示出一个更为"真实"的客观现实，而是揭示出现实是变化着的，并使得之前的思维方式呈现出错误的一面（因此这一过程是回溯性地确证了一个人之前的信念是"错误"的）。正如上文提及的，巴什拉试图证明，科学中的"新"经验之被发现，部分地是科学实践及其认知模式的产物。巴什拉论述说：

> 科学观察的过程永远是处理问题的过程；科学观察要为否定之前的理论、范式、约定俗成的做法提供证明。随着科学观察得到的证明，之前的理论也就被否定了；否定了旧观念的新经验为现象建立等级；新经验超越直接性；新经验首先建构科学模式，然后建构现实。一旦科学活动从观察阶段前进到实验阶段，知识的问题特征甚至比以前更为突出了。[40]

客体是科学实践通过上述方式来建构的，不仅如此，科学实践的这种建构活动还是在科学仪器的辅助下进行的，这些辅助设备是科学实践的**物质组件**。实验室、望远镜、光谱仪等都是特定科学实践的物质呈现。根据巴什拉的论述：

> 现在，现象只能通过科学仪器的筛选、过滤、提纯、塑形才能呈现，可以说，**现象首先是科学仪器的产物。所有的科学仪器都不是什么别的东西，它们是物质化的理论。**通过科学仪器所产生的现象在理论化的过程中摆脱不了物质设备的烙印。[41]

进一步地说，科学仪器不但"制造"它们的客体，还影响科学家所使用的概念系统。从这个角度看，科学思维是科学实践所使用的物质过程的辩证产物（也是通过科学实践所得到的经验的辩证产物），借助这种辩证产物，科学思维建构起与这种科学思维相符合的世界。为说明这一点，巴什拉提请我们注意："当遇到科学怀疑主义的时候，'现实'是如何通过变化来摆脱它的天真一面的，即它不再把摆在眼前的事物当作'现实'，而是使'现实'的观念发生了变化。相应地，'现实主义'也一定不能是一个封闭的体系。一个最主要的先验假定就是服从变化（正是变化使欧几里得几何在非欧几何中存在缺陷）。"[42]

　　巴什拉论证的深层论述要点在于指出，客观现实的不断变化（而不一定是关于客观的知识本身），才是科学视角的题中应有之义。科学实践决定了科学（如果是正确实践的话）要用开放性的眼光看待世界（以及任何关于世界的知识）。开放性承认任何既定的"事实"都不是永恒的，随着新证据的发现（新方法的运用和迫使意识形态做出改变的实践），"事实"可以被超越。沿着这一思路，巴什拉为科学哲学做了如下定义："科学知识的哲学是开放的哲学，是头脑中的意识通过认识活动、通过在现实中寻求**与之前的认识相矛盾的认识**而不断建构自身的过程。"[43]科学家是拒绝既定存在的思想者，他们不承认现实是固定的。而且，需要再次强调的是，对"新"事物的经验本身是被科学家参与并处于其中的实践（以及器具）所决定的。正是巴什拉所描述的科学实践的这种特征，以及拒绝既定现实的认识论断裂的观点，吸引了阿尔都塞，也使得阿尔都塞把认识论断裂的概念带到了对马克思文本的解读中。20世纪60年代，在阿尔都塞重新理解马克思著作的时候，法国共产党内部还有日丹诺夫科学理论的残余（在阿尔都塞加入法共的早期阶段，他也曾见证法共严格地执行日丹诺夫理论的情形），阿尔都塞对巴什拉认识论断裂这一概念的运用也体现在他对这些残留观念的批判上。

五

　　阿尔都塞同意日丹诺夫主义者们的说法，认为马克思主义科学是一种标准，人们借之把科学和真理与意识形态区别开来。马克思主义科学是标准，因为它为我们提供了巴什拉意义上的思想工具，我们能通过这一工具建构科学思维，从而辨识出构成我们头脑中的信念（与实践）的因素只是社会、文化与经济的历史发展的产物，这些因素就是巴什拉所说的"信念网络"的组成部分，它们形成了认识论的障碍，需要通过恰当的（马克思主义）科学的理论分析和实践来予以克服。但是阿尔都塞不同意法国共产党的观点，即认为马克思主义科学实践要以李森科观念为基础，在资产阶级科学与无产阶级科学之间划一条分界线。他认为这种主张本身也是特定意识形态的产物，声称科学可以一分为二是一种错误认识，认为意识形态与非意识形态之间存在明确界线，这不过是另一种意识形态，而不是科学的实践。在介绍拉古的《无产阶级科学？以李森科为例》一文时，阿尔都塞反思了法共执行李森科观念的整个过程，用他自己的话说，在人们的思想中，似乎"马克思主义哲学家们忘记了马克思关于辩证法的说法，辩证法既可以是这样的，也可以是那样的，它既可以成为'批判与革命的'，也可以扮演粉饰和维护事物的既定存在的角色"[44]。在对法国共产党彻底斯大林化的思考中，阿尔都塞清醒地认识到，辩证法扮演了维护既定存在的角色，这已经在法国发生了。

当然，在阿尔都塞的科学哲学中存在尚未解决的关联性问题，这至少部分地是由于他借用了巴什拉的观念所引起的。如刘易斯所指出的，这一遗留问题就是约定主义的用法。[45]对阿尔都塞以及巴什拉来说，科学与科学知识都是科学家所从事的实践的产物，因此，在证明科学知识的"客观性"方面，并没有科学知识"之外"的事物作为检验。换言之，科学与科学知识，即使能够克服巴什拉所说的"信念网络"，也仅仅处于一系列既定的科学实践和概念的领域。作为对这种状况的回应，刘易斯指出，阿尔都塞提供了一种解决办法，他认为客观性最终是由哲学来检验的，这是哲学发挥作用的地方：

> 阿尔都塞试图提供克服外部检验缺乏的办法，他把哲学作为确保科学内部一致性的实践。根据阿尔都塞的界定，哲学是一种理论实践，它的研究对象是科学的概念。哲学……并不是改变科学概念以建立新概念，而是澄清和说明科学的内存逻辑，以之作为划分真正科学概念的标准，使科学概念区别于它们陷入其中的意识形态概念。[46]

关于约定主义的说法问题，上述回应是否充分并非我们要关注的重点。我们所要关注的重点问题是上文已经提到的，即阿尔都塞的思想如何影响着他对法国共产党的两种科学观的挑战。

让我们回顾一下德山提在这方面的论述，他声称"在科学中采取无产阶级立场"，这是"在科学研究中保持客观性的前提"。[47]阿尔都塞的约定主义则完全否定这种说法，认为在无产阶级实践的内部并没有获得客观性（或者对真理的外部证明）的能力。唯一能对客观性做出保证的是哲学，是通过哲学对科学的实践与概念进行分析。可以推测，这种分析将会得出李森科主义是意识形态的论点（这当然完全是从阿尔都塞的观点推测的）。我上述讨论的内容的重点是要指出，无论是巴什拉主义的科学概念与科学实践，还是阿尔都塞后来借助巴什拉主义对马克思主义哲学的提升，即把马克思主义哲学当作对既定科学实践（不同于其他事物）的外部证明活动，都是对当时法国共产党内部所进行的相关争论的哲学与政治干预。接下来，我将简要探讨一下 20 世纪 60 年代早期法共内部的其他影响因素，以及更加宽泛意义上的法国马克思主义，以便为下一章深入探讨阿尔都塞对马克思哲学的重新解读做一个铺垫。

正如我在上文中简要提到的，在赫鲁晓夫发表秘密报告后，法国共产党开始与斯大林主张划清界限，无论如何，这是一个非常缓慢的过程。刘易斯曾这样写道："彻底的斯大林化，以及法共书记莫里斯·多列士实行个人崇拜的做法，法国共产党用了四年的时间才开始改变它的传统立场。"[48]当法共终于开始转变的时候，它确实需要一种对马克思以及马克思主义哲学的新理解。但法共并没有转向阿尔都塞的反人道主义的马克思主义，而是转而求助于伽罗迪以及他的人道主义的马克思主义。

当然，法共围绕思想转向进行了激烈的争论，争论的高潮体现在1966年法共的一份决议上，这份决议是当年3月在阿让特伊召开的法国共产党中央委员会议的产物。在这次会议上，法共决定采纳伽罗迪的人道主义的马克思主义，而不采纳阿尔都塞的反人道主义的马克思主义。对于相关内容，已经有很多学者做了详细的研究，[49]我在这里不准备展开论述。在阿尔都塞写给中央委员会的一封信中，有一部分内容是他的回应，他认为"法国共产党的做法干涉了一些学术问题的研究（马克思主义研究上的），几年来，这些问题一直是理论研究与讨论的对象"[50]。在法国共产党的干涉下，这些问题似乎已经被解决了，事实上，阿尔都塞认为，这些问题离解决相距甚远，它们都仍然处于"开放状态"[51]。我已经指出，在下一章中，我将讨论阿尔都塞在这场争论中的哲学和理论贡献，既从法国共产党内部来探讨，也从广义上的哲学领域来探讨。像本章所做的大部分论述那样，从哲学领域对阿尔都塞理论的研究将不限于具体的实践、历史与社会背景等相关内容（当然，我也会在后面的论述中对这方面的内容有所提及）。正是在哲学和理论研究领域，阿尔都塞及其著作与巴迪欧和齐泽克两位学者及其著作的关联背景得以构成，在这一背景下，巴迪欧和齐泽克试图重新建构阿尔都塞的理论大厦。我希望本章所提供的内容足够让读者了解当时的实践与政治背景，这些相关内容至少部分地引发了阿尔都塞的写作，为他的哲学著作打下了基础。

本章注释

1. Jacques Derrida, "Politics and Friendship: An Interview with Jacques Derrida" in *The Althusserian Legacy*, edited by E. Ann Kaplan and Michael Springer (London and New York: Verso, 1993), 189.

2. Louis Althusser, *For Marx*, translated by Ben Brewster (New York and London: Verso, 2005), 22.

3. Louis Althusser, "Philosophy as a Revolutionary Weapon" in *New Left Review*, Vol. 1, No. 64 (November–December 1970), 3–11.

4. Louis Althusser, "Philosophy and Marxism" in *Philosophy of the Encounter: Later Writings 1978–1987* edited by Francois Matheron and Oliver Corpet, translated by G.M. Goshgarian (New York and London: Verso, 2006), 253.

5. See for instance, Maxwell Adereth, *The French Communist Party: A Critical History (1920–1984) from Comintern to "The Colors of France"* (Manchester and Dover: Manchester University Press, 1984).

6. Ibid., 226.

7. Cyrille Guiat, *The French and Italian Communist Parties: Comrades and Culture* (London and Portland: Frank Cass, 2003), 58.

8. Ibid., 60.

9. 同上。正如圭亚特在这里所指出的，这种氛围与战争期间的一个反法西斯联盟的成立有很大关系，而且也是法国人民阵线影响下的产物，正如它在其他方面所产生的影响一样。

10. Ibid., 59.

11. Adereth, *The French Communist Party*, 121.

12. Adereth, *The French Communist Party*, 121, *cf* Guiat, *The French and*

Italian Communist Parties, 59.

13. Guiat, *The French and Italian Communist Parties*, 50.

14. Garaudy, "Artists sans Uniforme" quoted in Gertje Utley, *Picasso: The Communist Years* (New Haven and London: Yale University Press, 2000), 134.

15. Louis Aragon, "L'Art. 'zone libre?'"*Les Lettres francaises*, Vol. 6. No. 136 (November 1946), quoted in and translated by, Ellen Adams, *After the Rain: Surrealism and the Post-World War II Avant-Garde 1940–1950*, Published Dissertation (New York University: Proquest Dissertations Publishing, 2007), 230.

16. Ibid., 230–231.

17. Guiat, *The French and Italian Communist Parties*, 58.

18. Louise Lyle, "Science Bourgeoise et Science Prolétarienne: French Literary Responses to the Lysenko Affair" in *The Lost Decade?: The 1950s in European History Politics Society and Culture*, edited by Heiko Feldner, Claire Gorrara, and Kevin Passmore (Newcastle: Cambridge Scholars Publishing, 2011), 214.

19. For a good overview of this argument see Dominique Lecourt, *Proletarian Science? The Case of Lysenko*, translated by Ben Brewster (London: New Left Books, 1977), especially 29–31.

20. Ibid., 55.

21. Lyle, "Science Bourgeoise et Science Prolétarienne", 215.

22. Ibid., 217.

23. Ibid.

24. Laurent Casanova quoted it Guiat, *The French and Italian Communist Parties*, 60.

25. Aragon, quoted in Lyle, "Science Bourgeoise et Science Prolétarienne",

214.

26. Jean-Toussaint Desanti, quoted in Gregory Elliott, *Althusser: The Detour of Theory* (Leiden: Brill, 2005), 69.

27. William Lewis, *Louis Althusser and the Traditions of French Marxism* (Lanham: Lexington Books, 2005), 122–123.

28. Ibid.

29. Albert Camus, *The Rebel*, translated by Anthony Bower (New York: Vintage, 1956), 221–222. Also quoted in Lyle, "Science Bourgeoise et Science Prolétarienne", 217.

30. See Karl Marx, "The Economic and Philosophic Manuscripts of 1844" in *The Marx Engels Reader 2nd Edition*, edited by Robert C. Tucker (New York and London: Norton, 1978), especially 84–85.

31. See Ludwig Feuerbach, *The Essence of Christianity*, translated by George Eliot (New York: Prometheus Books, 1989).

32. Louis Althusser, *For Marx*, 226.

33. Ibid., 227.

34. Marx, "Theses on Feuerbach" in *Marx Engels Reader*, edited by Tucker, 145, my emphasis.

35. Louis Althusser, "The Humanist Controversy" in *Louis Althusser: The Humanist Controversy and Other Writings*, edited by Francois Matheron, translated by G.M. Goshgarian (New York and London: Verso, 2003), 255.

36. 我将在后面再对这些社会关系的唯物主义性质进行论述（附带也探讨它们在下一章中作为偶然性的地位）。

37. Gaston Bachelard, *The Philosophy of No*, translated by G.C. Waterston (New York: Orion Press, 1968), 8.

38. Tom Eyers, *Post-Rationalism: Psychoanalysis Epistemology and Marxism in Post-War France* (New York and London: Bloomsbury Academic, 2013), 53.

39. 在这里，库恩意义上的"常规科学"概念可以为我们提供帮助，从常规科学的视角看，社会实践被当前科学共同体的知识所结构化，科学共同体认知结构所发挥的作用相当于巴什拉的常识信念网络所发挥的作用，它们是真正科学的障碍。任何看起来"新"的东西都自然地被当作是不符合规范的，不但不被当作新东西，而且被当作科学进程中的一种错误认识。See Thomas Kuhn, *The Structure of Scientific Revolutions* (Chicago: University of Chicago Press, 1996).

40. Bachelard, *The New Scientific Spirit*, translated by Arthur Goldhammer (Boston: Beacon Press, 1984), 12–13.

41. Ibid.

42. Ibid., 3.

43. Bachelard, *The Philosophy of No*, 9, my emphasis.

44. Althusser, "Introduction: Unfinished History" in Dominique Lecourt, *Proletarian Science? The Case of Lysenko*, translated by Ben Brewster (New York: New Left Books, 1977), 14–15.

45. William Lewis, "Knowledge versus 'Knowledge': Louis Althusser on the Autonomy of Science and Philosophy from Ideology" in *Rethinking Marxism: A Journal of Economics Culture and Society*, Vol. 17, No. 3 (2005), 455–470, 459.

46. Ibid., 460.

47. See note 26.

48. William Lewis, *Louis Althusser and the Traditions of French Marxism* 156.

49. See for instance Lewis, *Louis Althusser and the Traditions of French*

Marxism (especially Chapters 6 and 7), Gregory Elliott's *Althusser: The Detour of Theory* (especially Chapter 4), and G.M. Goshgarian's introduction to *Louis Althusser: The Humanist Controversy*, edited by Francois Matheron, translated by G.M. Goshgarian (New York and London: Verso, 2003).

50. Althusser, "Letter to the Central Committee of the PCF, 18 March 1966, translated by William Lewis" in *Historical Materialism: Critical Research in Marxist Theory* Vol. 15 (2007), 155.

51. Ibid.

参考书目

Adams, Ellen. *After the Rain: Surrealism and the Post-World War II Avant-Garde 1940–1950*. Published dissertation. New York University: Proquest Dissertations Publishing, 2007.

Adereth, Maxwell. *The French Communist Party: A Critical History (1920–1984) from Comintern to "The Colors of France"*. Manchester and Dover: Manchester University Press, 1984.

Althusser, Louis. *For Marx*. Translated by Ben Brewster. New York and London: Verso, 2005.

———. "Letter to the Central Committee of the PCF, 18 March 1966, translated by William Lewis" in *Historical Materialism: Critical Research in Marxist Theory* Vol. 15 (2007). 153–172.

———. *Louis Althusser: The Humanist Controversy*. Edited by Francois Matheron, translated by G.M. Goshgarian. New York and London: Verso, 2003.

———. "Philosophy and Marxism" in *Philosophy of the Encounter: Later*

Writings 1978–1987. Edited by Francois Matheron and Oliver Corpet, translated by G.M. Goshgarian. New York and London: Verso, 2006. 251–289.

————. "Philosophy as a Revolutionary Weapon" in *New Left Review*. Vol. 1, No. 64 (November–December 1970). 3–11.

Bachelard, Gaston. *The New Scientific Spirit*. Translated by Arthur Goldhammer. Boston: Beacon Press, 1984.

————. *The Philosophy of No*. Translated by G.C. Waterston. New York: Orion Press, 1968.

Camus, Albert. *The Rebel* Translated by Anthony Bower. New York: Vintage, 1956. Derrida, Jacques. "Politics and Friendship: An Interview with Jacques Derrrida" in *The Althusserian Legacy*. Edited by E. Ann. Kaplan and Michael Springer. London and New York: Verso, 1993. 183–232.

Elliott, Gregory. *Althusser: The Detour of Theory*. Leiden: Brill, 2005.

Eyers, Tom. *Post-Rationalism: Psychoanalysis Epistemology and Marxism in Post-War France*. New York and London: Bloomsbury Academic, 2013.

Feuerbach, Ludwig. *The Essence of Christianity*. Translated by George Eliot. New York: Prometheus Books, 1989.

Guiat, Cyrille. *The French and Italian Communist Parties: Comrades and Culture*. London and Portland: Frank Cass, 2003.

Kuhn, Thomas. *The Structure of Scientific Revolutions*. Chicago: University of Chicago Press, 1996.

Lecourt, Dominique. *Proletarian Science? The Case of Lysenko*. Translated by Ben Brewster. London: New Left Books, 1977.

Lewis, William. "Knowledge versus 'Knowledge': Louis Althusser on the Autonomy of Science and Philosophy from Ideology" in *Rethinking Marxism: A*

Journal of Economics Culture and Society. Vol. 17, No. 3 (2005). 455–470.

———. *Louis Althusser and the Traditions of French Marxism*. Lanham: Lexington Books, 2005.

Lyle, Louise. "Science Bourgeoise et Science Prolétarienne: French Literary Responses to the Lysenko Affair" in *The Lost Decade?: The 1950s in European History Politics Society and Culture*. Edited by Heiko Feldner, Claire Gorrara, and Kevin Passmore. Newcastle: Cambridge Scholars Publishing, 2011. 213–229.

Marx, Karl. "The Economic and Philosophic Manuscripts of 1844" and "Theses on Feuerbach" in *The Marx Engels Reader 2nd Edition*. Edited by Robert C. Tucker. New York and London: Norton, 1978. 66–125.

Utley, Gertje. *Picasso: The Communist Years*. New Haven and London: Yale University Press, 2000.

第二章 媒介物：阿尔都塞的唯物主义，对法共马克思主义的挑战与反人道主义的兴起

　　在"人道主义争论"的开篇部分，阿尔都塞提到了 1963 年的一件轶事，就是他与当时法兰克福成员艾里克·弗洛姆（Erich Fromm）一次间接地打交道时发生的趣闻。[1] 当时，阿尔都塞的一位朋友亚当·沙夫（Adam Schaff）在美国参加一个学术会议，弗洛姆也是参会者，在会议间歇，弗洛姆对沙夫说他正在收集文章，准备出版一本论述马克思主义著作的合集（这本论文集最终命名为《社会主义的人道主义》）。[2] 在沙夫的坚持下，弗洛姆写信给阿尔都塞，向他征求稿件，问他能不能写一篇马克思主义方面的文章，提交给论文集。阿尔都塞当时心存疑虑，认为弗洛姆可能不会接受自己的论文，他跟沙夫表达了自己的想法，说《社会主义的人道主义》这个名字使他相信这本书将是一本人道主义方面的"高大上作品"，而他的观点是反人道主义的，很可能会被弗洛姆拒绝。但是沙夫

却不这么认为，他以一个三段论来回答阿尔都塞："任何一个人道主义者都是自由主义者，弗洛姆是一个人道主义者，因此，弗洛姆是一个自由主义者。"[3]也就是说，作为一个自由主义者，弗洛姆不会拒绝一篇与他自己的观点不同的论文，他会允许读者自己去作出思想判断和取舍，这是自由主义的内涵决定的，信奉自由主义的弗洛姆应该对个体的自主性有足够的信心，应该相信每个人都有能力运用自己的理论去决定如何思想。然而，令人遗憾的是，弗洛姆最终还是拒绝了阿尔都塞提交的论文。

阿尔都塞指出，弗洛姆对他的论文的拒绝证实了他的怀疑："一方面是人道主义和自由主义，另一方面是不尽人意的社会现实，两者之间存在某种并非偶然的联系。"[4]简单地说，阿尔都塞言外之意就是，弗洛姆以及其他马克思主义的人道主义者，包括法国共产党内部的人道主义者，没有看到他们的人道主义（和所谓的自由主义）本身就是一种意识形态，他们对马克思思想的理解是意识形态化的，陷入了马克思思想的某一特定阶段，这一阶段的马克思尚未摆脱唯心主义的意识形态，只是在后来的研究中，马克思才从中脱离出来。虽然在阿尔都塞提及的轶事中，他的矛头所指是弗洛姆，但同时这也是他批判法共的一个极好的概括。接下来，我将把第一章简要论述的内容加以展开，详细探讨阿尔都塞对法国共产党的批判，以及这种批判对阿尔都塞所进行的马克思整体思想解读的持续性影响。

一

阿尔都塞的批判思想有一个核心内容，即认为存在着两种意识形态，一种是通常意义上的意识形态，另一种是大写的意识形态。第一种意义上的意识形态是普遍被接受的标准化意识形态概念，它指代的是贯穿于历史中的、存在于某一特定时间和地点的具体意识形态形式。这种意识形态体现在诸多标准化的马克思主义分析中，包括人道主义的马克思主义以及与法共相关的研究（作为一种理性化的意识形态，以当前社会拥有的生产方式为基础，看起来似乎内在地具有真理性、必然性和绝对性）。另一种意识形态则是以大写的"I"开头的，这一概念也是阿尔都塞所创造的表达其思想内涵的意识形态概念。正是围绕这一大写的意识形态，阿尔都塞构建起他的批判大厦：意识形态本身之不可避免正如存在本身不可避免一样。在提交给弗洛姆的论文中，阿尔都塞写道：

> ……意识形态是每个社会整体存在的有机组成部分。人文科学仿佛离不开具体的意识形态配方，离不开表达的意识形态体系（在各个层次上），离不开人文的意识形态。人文科学隐蔽的意识形态对于这一领域的盛衰历史和生存活力来说，是不可或缺的因素和氛围。[5]

在这里，阿尔都塞所挑战的是马克思主义的人道主义者们的一种信念，即认为人们可以完全摆脱意识形态，这一信念也是我们在前面一章中已经阐述过的法国共产党的唯心主义者们的唯物主义信念，被刘易斯恰当地描述的斯大林的"两种世界"观点正是建立在这一信念上。根据两种世界观，先进的认识论立场被赋予了工人阶级的成员，与之相对，资产阶级的信念则被认为是意识形态的，是落后的。[6]

阿尔都塞指出："……只有一种意识形态化的世界观才会设想**没有任何意识形态**的社会，才能接受一种关于世界的乌托邦观点，认为在这样的世界里，意识形态（不仅是历史形式的意识形态）将会消失得无影无踪。"[7]为更好地理解这句话，我们不妨再次回顾一下阿尔都塞的另一段文字，这段文字出现在他为拉古关于李森科的文章所写的介绍中，内容是马克思对辩证法被误用的担心，即如果人们不加反思地运用，辩证法就不仅可能具有革命作用，还可能具有反革命作用，被当作保守力量的思想基础，维护现实存在的事物。[8]这一点既体现在法国共产党的人道主义意识形态中，也体现在其他人道主义的马克思主义那里。阿尔都塞认为克服这一特殊的意识形态就是要克服青年马克思的唯心主义信念，即通过革命活动，被意识形态所塑造的人们头脑中的错误意识终将会被克服，呈现在历史终点处的是和谐的景象，因为人们已经达到了与自身的协调。

如我在前一章指出的，阿尔都塞在关于马克思的思考中借用了巴什拉的"认识论断裂"这一概念，认为在马克思的著作中也存在前后期断裂的情况，这是他批判人道主义的马克思主义观的思想基础。也就是说，阿尔都塞认为，正是历史唯物主义方法的科学发现使马克思认识到决定他之前理解事物的哲学思维，源于费尔巴哈的人道主义的黑格尔左派思维，亦即巴什拉意义上的"信念网络"是错误的，这一认识使得马克思能够把它们作为意识形态加以拒绝。进而言之，正是从认识论断裂出发，马克思自己才能体验到"新事物"，而马克思对新事物进行体验的科学实践也部分地产生出，或者再生出马克思的世界。因此，对于阿尔都塞眼中的马克思来说，正是与其科学实践所认定的既定意识形态的决裂，使他自己变成一名真正的科学家（巴什拉意义上的）。这种决裂体现在对人道主义的拒绝上，其途径是借助历史唯物主义方法的发展而获得的科学实践。

然而，需要注意的是，阿尔都塞认为，仅仅通过认识论断裂并不能保证马克思与一切意识形态一刀两断。我们在上文已经指出，对阿尔都塞来说，这完全是不可能的。巴什拉已经提醒过我们，意识形态本身（以确定的信念网络形式呈现）总是周而复始地出现，哪怕特定阶段的意识形态被克服之后，意识形态也不会灭绝。存在于任何既定时间的任何知识都最多只能发挥临时性作用，从工人阶级认识论立场得出的知识也不例外。如果一个人把工人阶级的知识当作绝对的真理，那么，他将会失去科学视角，将会彻底地倒退回意识形态中。回到阿尔都塞对马克思的解读中来，阿尔都塞认为，马克思从他早期的人道主义立场摆脱出来后，一方面获得了拒斥束缚着他思想的信念网络的能力，另一方面获得了建立自己关于社会的新理论的能力。

　　既然我们已经看到巴什拉的科学哲学和阿尔都塞对马克思的再认识与他拒斥法国共产党的马克思主义之间存在着重要关联，接下来我们将把目光转向阿尔都塞提出的意识形态概念，以及从这一概念中产生的唯物主义立场。因为无论对于巴迪欧，还是齐泽克的唯物主义立场来说，这些都是非常关键的内容。在下面的讨论中，我们将会看到，如果说，阿尔都塞的唯物主义部分地源于他对巴什拉的科学哲学、认识论障碍和认识论断裂观点的应用，那么也可以说，阿尔都塞的唯物主义还有一部分源于他对巴鲁赫·德·斯宾诺莎（Baruch de Spinoza）的解读。作为一名思想家的斯宾诺莎能够提供一种解毒剂，解除一种（坏的）黑格尔主义的影响，在这种黑格尔主义的影响下，其他（人道主义）对唯物主义的理解是扭曲的。

　　当然，我并非第一个注意到阿尔都塞把斯宾诺莎的思想运用到对马克思的解读中的人。佩里·安德森（Perry Anderson）早在其1976年出版的《西方马克思主义探讨》中，就指出了这一点（尽管其中对阿尔都塞的斯宾诺莎观持否定评论），此外，还有其他学者论述过。[9]我在这里想要探讨的问题来自彼得·托马斯（Peter Thomas）2002年发表的一篇论文《哲学的策略：阿尔都塞和斯宾诺莎》[10]，在这篇论文的脚注中，托马斯提出，斯宾诺莎关于想象的理论和阿尔都塞关于意识形态的理论之间存在很多值得研究的相似性。

　　卡罗琳·威廉姆斯（Caroline Williams）在《解读资本论》中很好地描绘了斯宾诺莎和阿尔都塞理论的相似性，她把斯宾诺莎认知的三个层次与阿尔都塞的三种"一般化"（Ⅰ，Ⅱ，Ⅲ）联系起来。对于感兴趣的读者，我推荐大家阅读她写的这本书，她关于阿尔都塞—斯宾诺莎的具体关联因素的论述很有参考价值。[11]而我在这里想要集中讨论的是阿尔都塞对意识形态的阐述，这种阐述与他仔细阅读了斯宾诺莎关于想象的沉思密切相关。斯宾诺莎认为，想象，在我们的意识以及意识与我们的身体性（因此是物质的）存在之间的关联（或关联的缺乏）上，具有重要意义。对于阿尔都塞的意识形态和斯宾诺莎的想象之间的承接性研究，现在仍然是缺乏的，我希望我在这方面的讨论能够帮助人们获得更好的理解。

二

在阿尔都塞的论述中，大写的意识形态是"一个被赋予历史的存在，在特定的社会发挥作用的表达（想象、神话、观念或概念，依具体情况而定）系统（具有自己的逻辑和教义）"。[12]这里的"表达"一词应该在康德主义的意义上来理解，它是某种前信念的存在，一种表达只是一种直觉，一种客观经验。大写的意识形态作为"表达系统"是关于客观世界的经验，是个体形成关于自身与世界的本性之信念的背景。阿尔都塞认为，一种特定的"表达系统"产生于人类历史某一阶段形成的某种特定的物质性社会实践。换言之，"表达系统"不是别的，它只是构成某种特定社会的东西。可以说，表达系统就是一个特定社会建构自身的支撑，也是无数个体意识到他们的存在的支撑，这种支撑使得个体以特定方式理解他们自己与世界的关系，在这个世界中，他们产生了关于自我的认识。进而言之，这个特定社会的"表达系统"更重要的是一种结构（在"结构"这一词语的字面意义上，即"构造性存在方式"或把事物聚集起来），这种结构把人们所处的世界塑造成一个整体，其中有着一系列看似自然的意义、必要性、可能性、机构与传统。阿尔都塞继续论述说，这种看似整体的存在是"某种特定形式的复杂性所构成的"，而且是"不由分说地加之于绝大多数人身上的，并非他们自觉的'意识'选择"，而是"借助一个他们意识不到"的过程实现的。[13] 阿尔都塞接着写道：

> 人们"生活"在他们的意识形态中，**不是作为一种意识主体，而是作为他们的"世界"的一种客体**……因此，意识形态事关人与世界的活生生的关系。这一关系之呈现为"意识"，是以它的非意识存在为前提条件的，（而且）同理，这一关系之看起来简单是以它的复杂性存在为前提条件的。也就是说，这一关系绝非简单的关系，而是关系之间的关系，是第二级的关系。[14]

在阿尔都塞看来，存在着一些最重要的社会关系，它们由一个特定社会的多元**物质**生存实践编织而成：物品交换关系（经济关系），家庭关系（成人与儿童之间的关系，兄弟姐妹之间的关系，以及让个体认识到自己与其他家庭成员之间关系的特定家庭传统关系），政府治理关系（治理形式之间的关系，法制关系，等等），此外，还有其他机构之间的关系，如学校之间的关系、宗教组织之间的关系等。所有这些社会关系构成了非常现实地、非常真实地存在着的五花八门的关系网，任何人在任何时间都是其中的组成部分（虽然这些关系具有偶然的一面，因为在不同的历史地点和时间段内，它们是不同的）。

上述关系由一系列特定的物质实践所构造和支撑。例如，每个星期天到教堂做礼拜这种物质性活动支撑了基督教社会关系的存在，当一个人低头祈祷的时候，他也就默认了这种社会关系；用金钱换取所需要物品的物质性活动支撑了当前的经济关系模式；通行的对男孩与女孩的不同抚养方式支撑了既定的性别区分，等等。在进行了这些论述后，阿尔都塞指出，意识，是这些关系"之间的关系"，它的功能相当于一种"第二级关系"。阿尔都塞关于意识是"第二级关系"的重点在于表明：意识是所有与意识迥然不同的（悖论性的非意识）物质关系和实践的产物，但作为"第二级关系"的意识却反过来发挥着把所有关系凝聚在一起的作用，使这些关系对处身其中的人来说，是自然的、必然的、必要的。阿尔都塞写道：

> 所有的意识形态都必然以想象的扭曲形式而呈现……其中最为扭曲的（想象性）关系存在于个体关系与生产关系之间，以及从这种扭曲关系中产生的关系。在意识形态中呈现出来的不是真实的支配个体存在的关系，而是个体对他们生存于其中的真实关系的想象性关系。[15]

从这个角度看，社会关系（以及这些社会关系下的物质实践）"制造"出主体意识的方式正是主体（她）在自己的"想象"关系中生存于世界的方式，**她有意识地在她的世界中经历这些关系**，然而，她的这种有意识的经历却发生在低于她的意识的层次。也就是说，借助她参与其中的物质的社会关系（以及生产关系），她对自己生存于其中的世界的意识实际上是完全无意识的产物。阿尔都塞在这里所要表达的是，意识本身，即一个人对自己与世界的主观感觉，总是已经是意识形态的了（在大写的意义上）。因此，意识形态是真实社会关系的产物，是我们已经被编织于其中的物质实践的产物，但同时，意识形态却是错误地呈现这些关系的，它把这些关系呈现为似乎是静态的、自然的、必然的。

正如我们在本章的论述中已经看到的，从传统上说，意识形态这一概念指的是主体对她所处世界的一系列（错误的）信念，拥有这一系列错误信念的主体相信她的世界可以被改造，成为一个"正确"的世界。我们也已经看到，在阿尔都塞看来，这种意识形态乏善可陈，体现了一种思想的贫困。它忽略了大写的意识形态在我们的主体知觉中扮演的基础性角色。意识形态不仅仅是我们相信或者陷入其中的东西，毋宁说，它是作为主体的我们积极地创造（和再创造）出的东西，这种创造发生于我们与我们所处世界的各种互动关系，以及从这种参与中产生的各种物质实践中。在阿尔都塞看来，意识形态的扭曲并非只是关于世界的错误信念（因为就信念本身而言，并不存在真正虚假的信念，信念只是从物质实践中产生的东西）。大写的意识形态中的扭曲之所以发生，是因为人们没有能力认识到这种意识形态的历史性。大写的意识形态**再造出**它的环境，在这样做的同时，它却丧失了对它的存在位置的历史意识，认识不到它的本质的偶然性。通行的"意识形态"关系是这种大写的意识形态的产物。正是在这里，阿尔都塞对斯宾诺莎思想的参考和借鉴呈现出来。斯宾诺莎认为，在个体与其环境之间的关系中，想象发挥着重要作用，是想象支撑着人们对这些关系的意识，而通过对斯宾诺莎相关观点的研究，阿尔都塞认识到，大写的意识形态作为"想象"支撑着个体对自己与世界及两者关系的意识。[16]

三

当提到斯宾诺莎关于想象的理论对自己的影响时，阿尔都塞经常引用的是斯宾诺莎《伦理学》第一部分的附录。[17]在这个附录中，斯宾诺莎提出（正如他在整个第一部分所作的），所有关于自然的最终原因（一种目的论）的观念，严格地说都是人为制造的。我们从人类视角出发观察自然事物，然后把观察到的事物归之于自然，而实际上这些观念中的事物并非自然世界本身所固有的。我们从自然中看到的目的论只是把我们人类的目的加之于自然的结果，"这种目的论的扭曲完全是对自然的本末倒置，它把源于自然的一种结果当作了原因，而把原因当作了结果。再一次地，这种人为制造的观念把产生于自然的事物当作了永远存在的事物，而且最终它把真正最高和最重要的完善之物当作了最不完善的事物"[18]。

上述斯宾诺莎论述的要点在于指出，当我们打量世界，并从中看到秩序和目的时，我们通常认为这种秩序和目的是某种隐藏的原因的结果，它存在于自然界中，并保证了自然的目的性（像造物主上帝一样，既是万物的起源，也是万物的目的，或者就是秩序井然的自然目的性本身）。然而，这种看法只是我们人类在终极原因方面的错误信念。我们所看到的结果并非某些最终的、有序的原因造成的，而是我们自己的信念造成的，是因为我们相信存在这些原因。因此，当人类理性认识目的性时，控制和真实理解世界的并非理性本身，相反，控制和把握世界这种目的论信念的只是人类理性的（必然的）错误认识，它是把人与存在的关系错误地颠倒了的结果。在阿尔都塞对斯宾诺莎的研究中，他把这种必然的错误认知关系（也包括附属于此认知关系的目的论视角）称为"主体幻觉"的产物，这也是斯宾诺莎在关于想象的论述中认真思考过的。[19]

为了阐明阿尔都塞对斯宾诺莎的主体理论（作为一种虚幻的思想）的推进，我们可以回顾一下斯宾诺莎的相关论述。根据斯宾诺莎的理论，我们处于世界中的生存关系是人之为人的组成部分，人生活在世上的过程就是人把自己当作行动中心的过程，是"人永远从目的论的角度去行动，去发挥自己的智力，去寻找最有利的生存"的过程。[20]由于这是人类生活的组成部分，作为人就必须这样行动（我们只能以人类的方式生存），我们便认为此上的其他事物也遵循这一过程（也像我们一样，在它们的生存和行动中有它们自己的追求和目的）。当我们遭遇到并不具有这些目的的事物时，我们将它们归之为"神圣"的智慧，事实上，这仍然蕴含着一种目的论（一种我们完全不能理解的目的论）。因为我们（作为人类）倾向于把自然中的事物看成是满足我们目的的工具，我们就认为，神圣的智慧创造出自然是为了满足我们的需要，认为自然世界及其中的事件都具有这样的目的。斯宾诺莎写道：

当人们相信万事万物都是为了有利于他们而被创造出来时，他们必然会认为在所有存在物中最有价值的事物就是对他们最有用的事物，必然会根据有用程度来确定事物的存在等级。自然中的事物就被人们用这些目的论的抽象概念来予以解释：好、坏、秩序、混乱、热的、冷的、美丽、丑陋；由于人们相信自己是自由的，这些抽象概念也就进入到存在中：表扬、责备、正确、错误等。[21]

　　有利于我们的概念成为我们构成存在的基础，我们在这些抽象概念以及其他抽象概念的空间中构建出属于人类的世界，我们又根据构造出的概念世界来认识我们自己以及我们生存于其中的世界。我们（错误地）认为，这些概念是世界本身所具有的，是世界的自然组成部分，产生于自然固有的目的性中，但实际正相反，这些概念实际上内在于我们的主观意识中（而我们作为人的满足感最终并不由我们自己决定，而是**由世界作用于我们的结果来决定**），是我们未被探明的神秘化主体意识的运行产物。斯宾诺莎指出，我们没有认识到，我们的认知是我们生存的效应，是我们意识的主观性与世界交换的产物，而我们正是在这个世界中建立起了自己的形象（因此，我们的认知也是逃离了我们认知的原因的结果，我们看不到真正的原因，我们把这些结果归之为自然的目的性的产物）。斯宾诺莎论述说，正是通过这种方式，"人类错误地把想象的东西理解为他们的知识，他们坚定地相信事物具有知识中的秩序性，而不理会事物之为事物本身的机制，不理会事物自身的性质"[22]。换言之，我们与世界的生存/意识/主体性的关系只是我们与世界的**真实关系**的神秘化，这种神秘化的关系奠定了我们主体意识的基础，决定着我们主体意识的运行。斯宾诺莎继续论述说：

如果必须把普遍认同的观念作为我的理论基础，那么，下述观念有充分的理由作为基础，即所有人生来就对事物存在的原因无知，在解释事物的存在时，人们总是意欲寻求对他们有利的解释，意欲寻求他们能够意识到的解释。由于对事物存在原因的无知，人们相信他们是自由的，这正是因为他们只能意识到他们的意志力和愿望，而对于引发了他们的意志与愿望的原因，他们丝毫也意识不到，因为他们不去理会这些原因。[23]

正是上述论断使阿尔都塞从斯宾诺莎那里看到了一种关于意识形态的新理论，这种新理论挖掘了意识形态地建构的主体与信仰自由、意义、目的论的主体之间的关联。正如阿尔都塞所言，"斯宾诺莎把主体与目标之间的隐秘关联展现给我们"[24]。进而言之，（斯宾诺莎的）这种意识形态新理论让我们认识到，意识形态绝不仅仅是观念联结上的错误，即绝不仅仅是个体对世界及与世界关系的错误认知（这种错误认知可以通过对个体意识的恰当再定位得到纠正），这种新理论让我们认识到，一个人的意识形态化的意识是这个人在从事实践过程中的物质性产物，是应实践需求而产生的物质性回应物。阿尔都塞写道：

斯宾诺莎的"理论"拒斥任何关于意识形态的幻觉……但同时，它也拒斥把意识形态仅仅当作一种错误，或者当作纯粹无知的做法，之所以这样，是因为借助于人们的身体境况所产生的"表达"，意识形态建构了人与世界的想象性关系这种现象体系。这种**想象的唯物主义**打开了通向知识第一层次的无比丰富的概念：事实上，这些概念所表达的并非全部知识，而只是"知识的碎片"，但这些碎片也正是关于人类生存于其中的物质世界的知识，是关于他们具体而历史地存在的知识。[25]

对阿尔都塞来说，斯宾诺莎关于主体对世界的想象关系（以及主体在这种关系中建构的目的）的思想并不是一种简单的人类学断言。斯宾诺莎（根据阿尔都塞的说法）并没有简单地声称，把没有目的的自然加上目的是人类的本性，而是认为，人类对自身与世界关系进行主观想象的方式是人类的历史和物质实践要求的产物（因此也导致我们以目的论的方式看待世界）。阿尔都塞认识到，对斯宾诺莎思想的这种理解并非正统解读，但他提出，"如果斯宾诺莎是世界上前所未有的能够提供最伟大教导的异端之一，那么，作为一个异端化的斯宾诺莎主义者也就相当于是一个正统的斯宾诺莎主义者" [26]！换句话说，阿尔都塞承认他对斯宾诺莎的解读有自己的目的，他排除了，或者至少是忽略了斯宾诺莎文集中的其他内容，例如，关于我们对世界的想象关系，斯宾诺莎也进行了某些人类学的论述，然而，仍然可以说，是这个异端的斯宾诺莎启发了阿尔都塞对意识形态的重新理解，为他的唯物主义理论建构奠定了基础。就我们的理论目的而言，阿尔都塞对斯宾诺莎的理解是否正确关系不大，我们的重点是要阐明阿尔都塞所说的成为一个斯宾诺莎主义者意味着什么，以及从这种声明最终会得出什么结论。到此，我们已经对阿尔都塞如何借用斯宾诺莎的理论来重新理解意识形态有了一定的了解，接下来我将简要讨论一下阿尔都塞的意识形态观与斯宾诺莎想象理论的物质本性之间的联系。

根据斯宾诺莎的理论，我们的本性是被外在于我们的各种力量决定的，这些力量不仅决定我们的生理存在，而且决定我们的精神生活。作为自然存在，我们是更大的自然整体的一部分，而自然整体（或者用斯宾诺莎的术语来说是上帝）是一个巨大的因果机制。进一步地，从众所周知的斯宾诺莎坚定的反笛卡尔二元论立场来看，头脑和身体之间并不存在直接的相互作用，它们只是相互关联（头脑"表达"或"反映"身体所遭遇到的）。如上文提到的，身体是自然的一部分，臣服于加之于它的各种力，这些力来自其他的存在物，以及它们处于其中的事件。在论述相关内容时，斯宾诺莎写道：

> 人类身体以纷繁复杂的方式，被外部的其他存在物所影响，而且也被建构成能以纷繁复杂的方式影响外部物体的存在物。**但是，人类的大脑必须知觉所有发生在身体的事物**……精神的存在方式得以构成是因为有身体的观念。[27]

在上述的斯宾诺莎的引文中有两个重要的观点。第一，由于单个的人类身体是一种物，即具有行动力的物理实体，并且被其他生物体所影响，因此，单个身体并不是真正的单个存在物，并不独立于其他所有的存在物。斯宾诺莎认为，我们是"消极存在物，因为我们是自然的一部分，并且不能被当作是与其他存在物相脱离的存在物"[28]。作为"我"的身体的"部分"不仅不能与自然的其他部分相分离，反而被束缚于其他部分，其他部分以"我"为中介产生其他存在（同时也影响着从"我"的中介功能中产生的其他事物）。第二，精神必然受到因果矩阵的影响，同时也必然受到作用于"我"的身体的外部其他存在物的影响，因为精神必然要感受"我"的身体所遭遇到的事情。而且，斯宾诺莎继续论证说，大脑的感知（对外部存在物作用于"我"的身体的感知）是不充分的，也是不完善的，它是被幻觉性想象所扭曲的（上文已经提到了一些这方面的内容）：

> 人们的身体感受和情绪影响着观念，当人们通过这些观念来看待外部存在物时，他们就是在头脑中对外部存在物进行想象，而通过想象得来的不可能是真实的外部事物。因此，只要

大脑想象外部事物，它所得到的关于外部事物的知识就是不充分的。[29]

需要再次指出的是，作为个体的我们是世界运行的结果，我们在这个世界中发现自己，同时还在我们投入世界时发现世界中存在的其他东西（物质性的）。我们的头脑，也即我们的意识，是被我们身体的存在决定的，而我们的身体存在又是被一系列特定的物质原因决定的，在某一既定的历史阶段内，这些物质存在对我们的身体施加着影响。对我们施加影响的物质存在既包括物理的，也包括社会的，在阿尔都塞的术语中，它们既是历史性的社会"实体"，也是物质性的"机构"，它们作用于我们，并协助我们建构起对自身的理解和认同。让我们再次回顾一下阿尔都塞关于我们在其中发现了自身的世界，以及世界中的物质和社会实践的论述，他认为，正是通过这些实践，以及从实践中建构起来的信念，一个人才理解了他自己，理解了他所处的世界（他在其中生活）。这些实践既是先于这个人的生存的，也是这个人据以建构他关于自己以及他所处世界的知识的物质基础。从斯宾诺莎的角度看，是"社会实体"把个体与社会联系起来（这种联系既是身体的，也是心理的，它既是个体"我"的自我意识的基础，同时也是"我"从中建构认识和概念的世界之基础）。

根据我们与物质基质的想象关系，我们建立起自我认同，对斯宾诺莎来说，我们据以建立起自我认同的想象关系是事物本身存在秩序的颠倒。阿尔都塞也认为，"我"在想象中误认为自己是自由的，是独立于物质基质（由"我"选择的）之外的，而物质基质只是事物的自然秩序，是事物的根本存在方式（认识论的存在）。在"我"的意识形态想象中，"我"既没有看出"我"与世界的物质关系的历史本质，也没有揭示出关于它的概念（意识的）知识，同时"我"也没有认识到"我"被困在了既定的物质星丛中，被这个物质星丛所塑造，从这个物质星丛中建立起自身形象。

我们可以看到，斯宾诺莎的思想对阿尔都塞的唯物主义有着重要影响。斯宾诺莎的思想不仅表现出"一种意识形态的抽象理论"，而且表现出一种出色的唯物主义的反人道主义理论。从这种理论视角出发，意识不过是"第二级"想象关系，它没有自身的存在根据，如果没有决定它的物质存在前提，便没有它的产生（至少不会在日常生活中产生）。意识是身体的"观念"（身体是自然的产物，或者说是特定时间中的存在物星丛的偶然关联的产物），是物质因素作用于身体的结果。在阿尔都塞的论述中，物质因素包括历史地建构的物质实践，以及物质化的社会机构，借助社会机构，物质实践被聚集起来，我们也被召集起来，投入其中，并从中形成了我们对世界的概念化理解，以及对我们自己是其中一部分的理解。再次说明一下，这只是从阿尔都塞的视角对斯宾诺莎的解读，而不是对斯宾诺莎的最权威解读。正如我在上文提到的（也是阿尔都塞自己曾经说过的），这是对斯宾诺莎思想的一种异端化解读。

阿尔都塞声称，在马克思的思想中存在着断裂，现在我们可以回头来讨论一些这方面的内容，以便深入了解阿尔都塞是如何运用斯宾诺莎的理论来理解（物质的）身体与意识、单个身体与社会实体的关联，以及最终如何把这些理解运用到他的意识形态理论的建构中的。我们在上一章中提到，阿尔都塞认为，马克思的思想起始于一种特定的意识形态（即费尔巴哈主义的意识形态）。对此，阿尔都塞写道：

> 马克思出生时的思想环境不是他所选择的，这种思想环境是他出生时德国的大学教育所强化的结果，马克思也不是一出生就认识到了德国思想的意识形态性。马克思生长于当时的德国思想环境之中，在这个环境中生存和活动……青年马克思产生于他的

时代所具有的**思想世界**，在这个思想世界中形成自己的视角，从这个视角出发进行思考，并终其一生，都在与他所处时代的思想进行互动和争论，在这个过程中成为一名思想家。[30]

阿尔都塞上述论断的要点在于指出大学教育是某一特殊思想方式的强化。青年马克思成为什么样的人正是这种大学教育的结果。也就是说，是教育制造了青年马克思的意识。而青年马克思作为思想者"所处"的环境是这种教育装置的"物质"基础。[31] 因此，德国的大学也就是一种物质呈现（一种斯宾诺莎意义上的社会实体），与这种物质呈现相应的知识也就具有了自己的生命。借助当时的大学教育实践（既是物质的，也是精神的），青年马克思接受了大学教育，并开始用大学教给他的思维方式进行思考。从这种视角来考察马克思的思想发展的话，我们就可以进一步了解阿尔都塞关于意识本身是物质—意识形态建构的观点。

正如我们已经看到的，意识是第二级关系，它产生于物质关系之间，亦即产生于单个身体与作用于其上的物质因素之间。作为这种"第二级关系"的意识实际上是一种意识形态扭曲，然而，它又不是某种通过恰当的批判意识就能加以抛弃的东西。意识的扭曲或者说建构性虚幻想象，与其说是可以抛弃的东西，不如说是无论什么样的意识都必不可少的构成因素，它存在于（并产生于）包含它的物质实践中，并借助这种实践来强化自身。这也正是阿尔都塞的下述论断的要点："**主体范畴是所有意识形态的构成因素，这恰恰是因为所有的意识形态都具有把具体个体'建构'为主体的功能（也是定义了主体的功能）。**"[32] 意识形态化的意识之所以被扭曲，其原因在于从这种意识中获得的知识（以及世界观）是自然的、静态的、非历史的。知觉的这种意识形态模式只能部分地被克服，因为意识形态并非我们可以摆脱的东西，新的意识形态也不会通过对旧模式的意识形态的克服而产生。[33] 事实上，在一个人的主体意识和意识形态之间存在着某种互生共存的关系：正是在意识形态中，主体被建构起来，但同时，也是被建构的主体支撑着（或再生着）意识形态。阿尔都塞的询唤理论就是进一步解释主体意识与意识形态之共存的理论的。

一个人认识到自己被称为"主体"的时候，也就是他被意识形态所"询唤"或"召唤"的时候。在这方面，阿尔都塞的经典例子是一个警察在街上对一个行人的召唤："嘿，你好！"正是在回头并回应警察召唤的这个物理动作中，一个人成为"主体"，警察的这个召唤使这个行人被质询。阿尔都塞指出，因为"他认识到警察的召唤是'实实在在'地针对他的，而且'是他确确实实地被召唤了'（而不是其他任何人）"[34]。阿尔都塞指出，从这个角度看，我们永远处于一种被询唤的状态。通过参与到方方面面的物质性社会实践中，我们认同了（无意识地）自己是这一实践的"主体"，在这一过程中，我们因为**成为**从事这种实践的主体，而被这一实践所构造。例如，为了在学业中不断前行，进入更高层次，以取得博士学位，一个人要通过综合考试的门槛，在这样做的时候，这个人认识到自己是参与考试的存在者。也就是说，这个人通过回答"是的，这就是我"，呼应了考试这种特殊的实践对他的召唤。在回答召唤的时候，这个人成为被询唤出的某种特定主体，与此同时，这个人不但起到了维持综合考试这种实践的作用，还起到了支撑整个大学机构的实践网络的作用。因此，这个人既是被作为意识形态"装置"的大学所询唤出的主体，同时，在回答"是的，这就是我"的过程中，他也成为该意识形态装置的支撑者（也是其他与该装置有关联的社会装置的支撑者）。

我们现在应该能够认识到，上述过程是个不断发生的过程。"我"总是被"我"所参与的社会实践所询唤，而"我"也总是这种意识形态的主体。当"我"去杂货店购买物品的时候，"我"也被身处其中的意识形态所询唤，如在杂货店中"我"要符合社会礼仪，使用购物车或篮子，为"我"所购买的物品付费，等等。通过这样的实践"我"认同了自己，这样"我"就通常（无意识地）回应了这一询唤。当"我"驾驶汽车不小心撞倒了停车标志时，"我"被询唤为一个有负罪感的主体（即使当"我"察看周围是否有警察巡视时，发现周围没有人，"我"也没有被抓到，"我"依然会在当时感到害怕），也就是说，"我"认同了一个有负罪感的"我"。需要注意的是，在所有上述例子中，我们对自己作为意识形态主体的认同并非仅仅发生在某一时刻。事实上，在"我"的构造性想象中，"我"总是把自己认同为，或者说误认为，自己已经是这样的主体。这一点不容忽视。在召唤的过程中，当"我"的被询唤与"我"的自我认同发生时，被捆绑的部分认同是误认，即总是误认为"我"**已经**是这样的主体，作为这样的主体，"我"应该服从于这一实践，对这一实践负有义务。

诚如阿尔都塞所言，"意识形态总是已经把个体询唤为主体，毫无疑问，这也就相当于说个体总是已经被意识形态所询唤的主体，从中我们也必然会得出这一结论：**个体永远是主体**。"[35]阿尔都塞指出，这不仅因为我们不断处于被询唤的过程中，我们是永恒的主体；而且因为**询唤这种结构永远存在**，无论不同历史时间和地点的意识形态实践有多么不同。正是在这个意义上，阿尔都塞声称："意识形态没有历史。"[36]我们之前关于阿尔都塞的斯宾诺莎解读的讨论可以帮助我们理解这一点。我们总是发现自己与世界（我们生活意识中的世界）处于一种意识形态的／想象的关系中，在这个意识形态关系中，我们把自己当作自由的存在，但这种关于存在的意识事实上是物质的／外部的原因造成的，这些物质的和外部的因素作用于我们，并且把我们询唤为我们自认为的存在。我们总是发现自己被某些社会关系和实践集合询唤为主体，这些社会关系和实践构造出主体（用阿尔都塞的术语来说，是主体的装置），虽然这些关系与实践是历史地变化着的，但我们之被它们所构造的过程，以及作为我们与世界之间生存关系的构造性想象，却保持原状，成为不变的结构。

然而，我们应该注意不要误解"结构"这个词。因为迄今为止，阿尔都塞的思想仍然被贴上不过是结构主义马克思主义的标签，一些人指责阿尔都塞本人的理论是错误的，而且他对斯宾诺莎的理解也没有说到点子上。对自己被指责为结构主义，阿尔都塞借助斯宾诺莎的思想为自己辩护："如果说我们从来不是结构主义者，那么，我们现在可以回答为什么：为什么我们看起来像结构主义，而事实上我们从来都不是，为什么对我们的著作会产生这么奇怪的误解。我们的回答是，我们被指责和误解，原因在于我们没有与结构主义同等的权威，也没有像结构主义那样妥协——**我们是斯宾诺莎主义者**。"[37]我们现在就探讨一下阿尔都塞这句声明的意义，弄清楚他为什么认为自己所作的并非结构主义者所为，或者至少不是简单地把结构主义应用到马克思主义中。进而言之，我们所要探讨的将为这方面一个遗留的背景问题提供参考：阿尔都塞关于偶然性的声明在他的唯物主义中发挥着怎样的作用，为什么说它非常重要？

四

对阿尔都塞反人道主义的通常理解是把它与结构主义运动联系起来。结构主义运动发生于 20 世纪 50—60 年代，不仅在法国思想领域占据很大份额，也在欧洲思想领域产生广泛影响。[38]无论如何，通过仔细思考上文所论述的内涵，我们或许可以挑战这种通常的理解。如果说阿尔都塞确实是从巴什拉的科学哲学中获得思想启发，是从斯宾诺莎的新唯物主义观念中获得理论支撑，从而建构起自己独具特色的马克思主义的反人道主义，那么，似乎可以说，他所建构的反人道主义不能简单地归结为一种结构主义，正如他自己不断试图澄清的。根据沃伦·蒙塔格（Warre Montag）给我们提供的信息，阿尔都塞早在 1962—1963 学年就开始了对结构主义的系统研究，在这一学年中，他围绕主体问题，举办了为期一年的学术研讨班。[39] 当时参加这个研讨班的学生有佩里·马舍雷（Pierre Macherey）、艾蒂安·巴里巴尔（Etienne Balibar）和雅克·朗西埃（Jacques Ranciere），这几个学生在研讨班结束后都发表了著作，从各自不同的角度来批判结构主义。[40] 也是在同一学年，阿尔都塞建构起自己的批判结构主义的理论基础，试图把自己的理论与结构主义区别开来。

要理解阿尔都塞对结构主义的批判（及其基础），我们首先应该回顾一下前文对巴什拉思想的讨论。在巴什拉看来，恰当的科学态度是保持开放的态度，它拒绝科学"事实"表面上的确定性质，追求"从对客观存在的认知惯性中摆脱出来，使理性变得不确定"。[41] 正如我们在上文提到的，巴什拉指出，这是因为"客观的"知识总是具有某种意识形态性，总是对正确的科学实践构成"认识论障碍"。由于我们的主体意识首先是被所谓的客体所决定的（因此主体意识本身也是被认识论障碍所决定的），因此，巴什拉认为，"我们必须不断地为去主体化而斗争"，以便在科学研究中获得"新"知识。[42] 也就是说，我们必须不断地审视我们的主体意识（以及与之相伴随的概念框架），因为它总是隐藏着意识形态的潜能。

虽然结构主义为人们提供了哲学工具，在去主体化的过程中发挥了作用，帮助人们站在人类"主体"之外思考决定着主体的（而非被主体决定的）外部事物，但结构主义自身是有问题的。首先，结构主义只是把"主体"范畴从个体的人替换为结构；其次，在用结构替换个体的人的过程中，"结构"概念成了意识形态，因为它成了所谓"客观"科学的一部分，因此，成为阻碍科学发展的客观知识。可以说，在使用"结构"这一概念的人那里，"结构"是未经审视的非科学概念。当把结构主义本身视为哲学运动的时候，我们不难发现，结构主义在理解社会存在时所声称的"正确"或"错误"（非历史的）本身既是唯心主义的，也是意识形态的。用巴什拉的术语来说，阿尔都塞对结构主义的主要指责是，结构主义已经（在他的时代）成为一种意识形态化的"认识论障碍"，阻碍了他同时代的人对真理的追求（也阻碍了他自己的早期研究）。[43]

　　阿尔都塞接着写道，我们必须记住"结构主义产生于科学家在从事科学活动过程中所遇到的理论问题［如费尔迪南·德·索绪尔（Ferdinand de Saussure）以来的语言学、弗朗兹·博厄斯（Franz Boas）和克劳德·列维－斯特劳斯（Claude Lévi-Strauss）以来的人类学，以及精神分析学，等等］"[44]。因此，结构主义（像其他任何科学实践一样）是处于特定历史过程中的理论现象，产生于一系列具体的关联性问题和困惑。更进一步地说，结构主义不是一个具有统一的概念框架的统一的理论整体，而是"一个模糊的理论问题丛林，只有在某些明确界定之下，才能呈现出其最终倾向"[45]。这也就是再次强调，并不存在"结构主义"，存在的只是某些结构主义，这些结构主义对产生于特定背景和历史阶段的特定问题和困惑做出了回应。任何用其他方式来对待结构主义的做法，例如，把结构主义当作对社会现象的研究（就像我们上文提到的，阿尔都塞认为许多结构主义者就是这样做的），其实是把结构主义转变成了一种传统哲学，忽略了它作为认识论现象的历史性，以及它存在和降临于思想舞台的特殊性。这种不恰当的做法无疑将结构主义变成了意识形态和非科学的理论。

　　阿尔都塞是在批判列维－斯特劳斯关于亲属等社会现象的结构主义理论中做出上述论断的，他指出，列维－斯特劳斯摇摆在两种错误立场之间：第一种是坏的（意识形态的）构造主义立场，在这一立场中，列维－斯特劳斯把亲属关系当作体现在"人类精神"或者头脑构造中的"逻辑规则"的"化身"。阿尔都塞强调，这是列维－斯特劳斯"唯物主义的一面，结合了二元论的语言学方法和对人类大脑的控制论理解"[46]。但问题在于，这种类型的唯物主义假设了一种静态的人类本质（或"精神"），以及相应的在不同群体中呈现出的不同逻辑／思维结构。阿尔都塞之所以做出这种论断，是因为他在列维－斯特劳斯的著作中发现与之相关的内容，如列维－斯特劳斯在试图论证不同社会实践的存在及其根源时，曾经借助人类大脑结构这一静态的（非历史的）观念。以下是这些相关内容中的一段，在这一段文字中，列维－斯特劳斯试图说明社会现象中的"二元组织"结构的存在：[47]

> 二元组织首先并不是一种机构……它主要的是一种组织原则，适应范围广泛，在或多或少地详尽阐释的应用中尤其适用。在一些情况下，这种原则只适用于体育比赛，在另一些情况下，它可以延伸到政治领域……更有一些情况下，它的适应范围还可延伸到宗教和商业领域。最后，它还体现在婚姻制度中。所有这些形式中的区别只是程度上的，而非不同种类的；只是范围上的，而非类型上的。**要理解这些形式的共同基础，考察基点就要直接落在人类大脑的某种基本结构上，而不是落在世界的某些主要区域或特定文明史的某个阶段上。**[48]

除了构造主义立场，列维－斯特劳斯的思想还摇摆于第二种错误立场，即功能主义立场上。阿尔都塞写道：

> 如果（根据斯特劳斯所说），在原始社会中，某些规则支撑着婚姻及其他社会存在方式，只有依靠这些规则，原始社会才能生存、发展，等等（那么可以说，这是一个基础主义的生物学主体论：它意味着在原始社会中存在一种"社会无意识"，它

恰好作为这个社会所拥有的敏锐智力，使这个社会能够顺利地生存与发展。功能主义应该受到批判，因为它在理论层面不可避免地采取了一种主体论形式，它把一种携带意图和目标的主体存在加之于"社会"之上，我们必须批判和拒斥这种**无意识概念**，它与列维－斯特劳斯不自觉地拥有的自由意图存在不可或缺的关联。我将不得不说，这个无意识概念绝非是精神分析学中的科学概念，它更不是社会学、人类学或者历史学中的科学概念……）。[49]

需要指出的是，阿尔都塞并不是建议我们要完全拒绝无意识概念，他也不可能有这样的想法，因为他自己也在沿用这一概念（正如我们之前看到的）。阿尔都塞之所以指责列维－斯特劳斯对"社会无意识"的运用（并因此而陷入功能主义），是因为他是在迪克海姆（Durkheimian）的意义上来理解"社会无意识"的（虽然迪克海姆用的是"集体意识"，而不是"社会无意识"）。迪克海姆的这一概念，不仅为列维－斯特劳斯所熟悉，并从中建立起他自己的理论，而且也是阿尔都塞所了解的，阿尔都塞也同样借鉴了这一概念。论述到这里，我们可以清楚地看到阿尔都塞是如何努力使自己与结构主义划清界限的，并最终进一步理解了阿尔都塞是如何避免结构主义的错误，并建立起自己的理论的，接下来我希望重点考察的是阿尔都塞对列维－斯特劳斯及其结构主义的第二种错误立场的批判（虽然出于显而易见的理由，我们也将回顾阿尔都塞对列维－斯特劳斯的第一种意识立场的批判）。

五

首先我们应该了解一下列维－斯特劳斯与阿尔都塞两人从迪克海姆那里

得到的启发。迪克海姆的"集体意识"概念是从个体意识的对立含义中引申出来的，而作为概念的集体意识（或者说社会意识）是在说明社会存在时被使用的。斯蒂芬·特纳（Stephen Turner）指出，根据迪克海姆的理论，"意识的形式被它的内容所决定，而决定集体意识的内容与决定个体意识的内容是不同的"[50]。这也意味着，迪克海姆的社会分析模式拒绝在一个既定社会中从个体出发的主体视角，认为这一视角不能可靠地解释社会生活，在一个既定的社会中，对社会生活的恰当理解只能来自无意识地决定着不同个体意识的规律与规则。迪克海姆对社会存在的这种理解具有很大影响力：一方面，阿尔都塞对个体意识领域的阐述受其影响，如上文提到的询唤理论，阿尔都塞认为，正是"社会意识"及其规律构成了个体意识产生的背景，个体通过"社会意识"认识到他们自己，也认识到社会的其他成员；另一方面，列维－斯特劳斯对亲属关系与神话的研究也受其影响，正如特纳告诉我们的，列维－斯特劳斯"提出了这种观点，这些集体共享的实践……必须被看作是复杂的意义系统，其中包含一系列它们自身的规则，或者说'逻辑'，这些规则和逻辑需要社会学家和人类学家去解码"[51]。然而，不同于列维－斯特劳斯和阿尔都塞，迪克海姆认为去解码这些社会"逻辑"意味着去理解隐藏于其中的因果规律，正是这些规律构造了个体及其实践与"社会意识"之间的关系。但列维－斯特劳斯和阿尔都塞都不认为这是解释社会现实的恰当模式。特纳在另一处指出：

> 对列维－斯特劳斯来说，"因果规律"这一解释性概念被一种非常不同的观念所取代……（在列维－斯特劳斯那里）解释就是去发现一种关系秩序，这种秩序将会把一组意义有限的二进制数字，转化为一个具有智性的整体。这种秩序可以用"结构"来命名。而且只有把结构当作整体，结构才是智性的……[52]

换一种说法，用迪克海姆的方法去寻找因果关联的做法没有看到结构作为整体的复杂性，无法真正地解释社会现象，因为它把自身局限于因果规律的概念框架中。与这种做法相反，要解释社会现象，一个人必须去理解存在于社会现象的实践，例如构造了整体性并能解释其存在的社会实践，与这些社会现象在既定社会中的角色之间的关系，因此，因果律对科学解释的意义不大，一个人必须首先理解的是复杂的关系。而在阿尔都塞理论中也存在某些类似的见解。请回顾一下我们先前对阿尔都塞意识观的概括，他提出意识是"关系中的关系"。[53]与列维－斯特劳斯一样，阿尔都塞也认为，要恰当地理解社会现象，关键是要恰当地理解存在于构成了社会结构的不同实践之间的（结构性）关系。如上文所述，阿尔都塞在批评列维－斯特劳斯（因此也批评作为一种运动的结构主义）时指出，当他（它）不能充分意识到结构主义试图描述的"结构整体"并非一个统一整体时，他就会犯错，因为结构整体并非一个"被赋予意识存在"的统一体，这种意识存在构成了既定结构存在的各种关系，同时也被各种关系所维持（互惠）。由于意识上存在不充分性的漏洞，因此一种功能主义恐怕就不可避免地渗透进了解释之中。在这一点上，我们可回溯阿尔都塞对斯宾诺莎的研究。

在斯宾诺莎那里，意识这一概念本身是被意识中的想象关系所决定的，而正是被想象关系决定的意识（以及被观念召集到存在中的、决定着精神的唯物主义，决定因素包括物体和个体身体，也包括其他人的身体，这些人的身体关联着存在于自然中的其他因素）使我们开始认识到为什么阿尔都塞的唯物主义既是反人道主义的，同时又试图避免具有更多问题的结构主义：如我们所认识到的，虽然阿尔都塞的唯物主义把人类的意识世界当作从一系列其他因素整体中产生的，如我们为维持物质存在而进行身体实践时所形成的因素整体（或者不如说我们既投身这些因素整体中，同时也被其所塑造），但它从概念上拒绝为存在之为存在添加一个目的论——甚至内在的目的论也不接受。并不存在一个"社会主体"来决定某种存在，也不存在一个受惠于某种存在或一系列实践整体的"社会主体"。对阿尔都塞来说，社会主体这个概念本身是历史性意识形态的一种。下面我们将介绍一下阿尔都塞的历史科学观念（以及他对某种历史观的批判），通过这种迂回的方式，我们可以理解这一点，同时弄清楚阿尔都塞的社会主体观是如何与他对斯宾诺莎的研究相关联的。

阿尔都塞提出，在对历史的研究上有两种类型（或者用他的术语说是"模式"）的历史学。第一种是他所称的"传统历史学家的历史"，用这一历史研究范畴，他替换了列维－斯特劳斯的人种学研究。他认为，那些从事这种历史研究的人：

> 大谈历史"规律"，因为他们只考虑过去的历史中所展现的事实。在这种视角下，历史呈现为一种静态的事物整体，人们可以像研究物理实体那样来研究这些静态事物中的决定因素。由于这些事物已经成为过去，因此它们是死的。[54]

阿尔都塞把这种历史模式称为意识形态化历史。这种历史是意识形态的，因为它意识不到它所说的"规律"并非"规律"。这种类型的历史学者（或者说人种学者）在他的研究中所识别出的"规律"，所使用的历史分析，都只是他所从属的特定社会背景强加给他的、能被他的意识所认识到的"规律"，而不是支配着他所从事的特定历史事物的真正规律。这些"规律"只是他的"规律"，只是在他所处的历史时期内被建构的知识，只是制造出了他的意识的物质基质的产物。一旦被建构出来，这些"规律"就被回溯式地添加到历史学家们所研究和试图阐述的历史中。

阿尔都塞认为，去揭示上述历史规律的局限性也就是去从事第二种历史研究，阿尔都塞将其命名为"历史"（Geschichte），这种历史"所指定去研究的并非已完成的历史，而是呈现于当前的历史"[55]。从事呈现于当前的历史研究的人承认他们的局限性，承认他们所研究的历史，以及从研究中得出的洞见是被他们所处的社会背景决定的，这种社会背景也就是他们生存于其中的、特定历史时间与地点中的社会物质环境，这一环境是被不间断的整体历史所塑造出来的（这也就意味着他们承认自己的见解没有覆盖全部真理，不能囊括历史的起点与终点，如没有这种自知之明，他们就会陷入意识形态的陷阱）。对于特定历史阶段的社会背景与条件，阿尔都塞这样界定：

> 我们需要记住的是，"背景"意味着"关联"，也就是一个偶然碰到的因素集合，这些因素部分是存在着的，能被我们看到的，部分则是我们看不到的，无法做出判断的。在整体性历史中，任何构成我们生存背景的都只是整体历史的特殊片段，任何存在于其中的事物都只是这个特殊历史片断的存在。[56]

理解阿尔都塞上述论断的一种方式是考察他对黑格尔思想体系的批判，从中我们可以理解阿尔都塞所说的一种特定背景的偶然性质（也是关于第一种类型的历史研究者所声称的特定"历史规律"的偶然性质，包括列维－斯特劳斯的结构主义历史规律）的理论基础。[57]

在阿尔都塞的理解中，黑格尔的辩证历史观建立在历史的创新和变化上，这种创新和变化被"简单"地概括为一种矛盾的存在。对黑格尔来说（根据阿尔都塞的研究），矛盾是历史辩证运动的动力，是意识的"感知存在与对它的认识之间的矛盾"[58]。一个既定社会的形成与变异、变迁的驱动因素是矛盾，矛盾产生于特定个体（与特定文化）的理解或自我概念，以及从它的个体的／文化表达中产生自我认同的方式中。简单地说（或者是有一点粗略地说），根据黑格尔对历史的理解，特殊的历史个体作为特定社会的成员而来到世界上，这个世界具有一系列特定的观念，个体借助这些观念来理解他们自己以及他们所处的世界，这些观念则与他们对自己的定义相协调。在实践中应用这些观念时，特定的个体与社会理解了它们的真正意义，而通常情况是其中存在矛盾，矛盾的一方是个体试图去拥有的社会观念，另一方是观念在物质化时其自身所是的样子，或者观念在社会世界中的存在样式。

　　如上文所提到的，按照黑格尔对事物的这种理解，通常是基本矛盾界定了社会形式，并给予特定社会形式以内容。对特定矛盾的理解就是去理解观念的完全的、客观存在的真正意义，最终也就是去改变一个人的意识觉知。而变化又影响到整个社会，这是意识试图处理它所经历的矛盾时带来的。在举例说明这一理论时，阿尔都塞引用了黑格尔对罗马社会盛衰起伏的论述：

> 　　罗马：它宏伟的历史、它的机构、它的危机与历险，不是别的，只是**抽象逻辑人格**内在原则的暂时性体现，以及体现之后的毁灭。当然，作为每个历史形式之原则的**回应**，这种内在原则把它所超越的各个原则都包含在自身之内，这也就是它为什么只有一个中心，所有过去世界的中心都在它的记忆中，这也可以解释它为什么是**简单的**。[59]

　　黑格尔把复杂的历史归纳为一个原则性存在，一个决定与界定所有复杂性的"规律"。阿尔都塞分析说，这里的问题在于，黑格尔的分析屈从于一个简单的目的论原则，而这个原则又被呈现为一个必然的发展过程。我们再次遭遇到了一种唯心主义（一种意识形态）。无论如何，这种唯心主义是被一种错误的历史分析所决定的。这种历史分析认为自己处理的是历史本身，是对历史倾向和结构的客观解释，但事实上，它所处理的历史只是当前的历史，或者说是黑格尔在他的时代、他的社会背景下所遇到的历史，是依据这一特定历史阶段而呈现的历史。只是在这个历史阶段，对发展与变化的"简单"原则（抽象的逻辑人格）的认同才是可能的（可认同的），一旦这种原则被确定下来，它就被回溯式地当作了一种历史性创造与变化的指导原则。换言之，黑格尔在这里所犯的错误也是人道主义的马克思主义，如弗洛姆等人的人道主义，以及法国共产党所持的人道主义所犯的错误。人道主义的马克思主义把马克思的前、后期思想相混淆，认为前期马克思与后期马克思提供的理论是相同的：他们（包括黑格尔与人道主义的马克思主义）站在了某个历史发展过程的终点，并把这一终点回溯到起点，反动地把一种从起点到终点的统一性赋予主体，但主体自身却并不具有这种统一性的目的论原则。

在阿尔都塞对事物的阐述中，黑格尔所确立的社会背景（或者说人道主义的马克思主义所确立的背景），就像任何既定的社会背景一样，在其中被认可的"规律"是不自足的，而是被一系列不能归之于一个简单原则的因素所决定，或者说被超出了一个简单原则的众多矛盾因素所共同决定。事实上，阿尔都塞提出，一个真实的既定背景的构成成分是复杂的，它包括"矛盾的大量积累……其中一些矛盾是完全异质性的，具有不同的起源、不同的景观、不同的层次和应用场合，它们无论如何都不可能融入一个四分五裂的整体中"，不会构成一个背景性的概念／物质装置，供历史学家们用来理解过去。[60] 更进一步地说，把一种特定社会背景下的矛盾和问题回溯到过去的背景中，就是没有认识到存在于任何既定历史阶段的矛盾的异质性，没有认识到构成一个特定背景的所有因素之特殊结合的完全偶然性，没有认识到历史发展本身的非连续性和断裂性。这种认识上的错误也存在于列维－斯特劳斯，以及更普遍一些地，存在于结构主义对社会现象的阐述中。在解释社会现象时，列维－斯特劳斯冒失地把社会组织的客观和非历史的"规律"当作了存在于任何社会空间的决定因素。事实上，这种规律只是在他所处社会的背景中推出的，是存在于他所处的社会，并在他所处的社会成为"规律"和"结构"的，但由于他在认识上的误区，这种规律便被推崇为具有了一种非历史的科学"真理"的地位。

我们在前面提到过，1962—1963 年，阿尔都塞举办了为期一年的结构主义研讨班。研讨班结束后，学员马舍雷发表了他的第一篇学术论文，论述康吉扬的科学哲学，题目是《乔治·康吉扬的科学哲学：认识论与科学史》。[61] 阿尔都塞为这篇论文的发表写了一个简单的序言。为什么这篇论文是重要的？原因是马舍雷在这篇论文中提出了一个与阿尔都塞的历史观相同的论断（借助康吉扬）：认为在当代的科学史研究中，人们总是用一种回溯式的目的论观念看待科学"进程"，最终总是把当代观念移植到历史的叙事进程中。马舍雷引用了康吉扬对"反思"这一概念的研究。历史学家们声称，笛卡尔有一种关于"反思"的概念，而这一概念后来被科学进步（理性的进步）证明是正确的，康吉扬对此进行了反驳。他提出，事实上，"反思"这一概念（以及其他科学概念）中有意识形态因素（在此可以回顾一下巴什拉的信念网络），只有通过（恰当的）科学实践，观念中的（背景性）意识形态因素才会逐渐退却：正是这一过程从根本上改变了概念的内涵，以至于概念中具有了与以前根本不同的内容（从康吉扬的例子看，笛卡尔的"反思"与 20 世纪 50 年代末到 60 年代初的生物学中的"反思"已经不同了，但我们囿于自己的视角，却没有看到这一点）。然而，一旦被产生出来，这些"新"概念就又成为意识形态的（也是物质化的）了，被产生之时的社会背景中的意识形态所渗透和影响（因此对于科学史研究来说，其问题在于：我们倾向于把自己所接受的意识形态化概念应用于过去，从中看到的是一个连续统一体，但如果我们仔细考察的话，会发现这样的统一体并不存在）。为什么说这些内容会帮助我们理解阿尔都塞的思想基础，为什么说是在此基础上，阿尔都塞试图把自己与结构主义区别开来？在为马舍雷的论文所写的序言中，阿尔都塞指出，康吉扬的研究（被马舍雷所阐述的）告诉我们：

> ……历史中的一个新（概念），首先是抛弃了相信有一个统一机制，或者说一个辩证进程的旧唯心主义框架的产物。产生新概念的过程充满了突破、悖论、挫折和向前飞跃，（从中）一个新历史诞生了：一种新的理性占据主流，这一理性是科学的，它脱离了自信的唯心主义简化图景，这一理性就像得到了行善的奖励一样，确保科学追求始终不会停滞，始终能够对新事物做出回应。现实中有一些多余的想象：这些想象是对真实问题的逃避而非回应，它们虽然被称为科学但实际上只是社会意识形态的科学冒牌货。[62]

马舍雷的论文，以及阿尔都塞从他更为一般的历史观出发为论文出版所作的序，显示出了当时两个人试图采用的研究"方法"，通过这一方法，我们可以更好地理解阿尔都塞对结构主义的批判。如果我们回顾一下斯宾诺莎／巴什拉（这里是康吉扬／马舍雷）的观念，即科学（恰当地从事的），我们就会认识到，所有的知识充其量都只是暂时性的，从来都不存在完善的，或者说完全静态的／正确的知识，所有的知识中也都潜藏着某些意识形态因素，被束缚于所产生的时代（它的社会背景），以及当时可获得的物质条件。如果认识不到这些，把知识当作静态的、完善的，就会陷入意识形态，而那些没有批判的／科学的意识的结构主义践行者就是陷入了结构主义意识形态中，在他们那里，"结构"这一概念被用来当作解释社会现象的意识形态概念。当阿尔都塞批判列维－斯特劳斯时，他正是在我们上面所引的段落中指责列维－斯特劳斯误解了意识形态概念。[63]对列维－斯特劳斯来说，"结构"本来是一个用来解释意识形态存在的概念（像亲属关系等一样），但实际上，

"结构"本身就是被当时的社会背景所构造的意识形态概念，而且仍然停留在（至少在阿尔都塞的时代）对清醒的科学反思免疫的状态，欠缺科学意识。

我们现在可以认识到，对阿尔都塞来说，在任何既定的社会背景下，都有一种产生于特定时代的特定的社会关系网络，从这个社会关系网络中产生出特定的生活世界。在论证这一观念时，他援引斯宾诺莎的思想，写道：

> 我想斯宾诺莎可能会认为，任何单个事物，包括发生在想象中的生活世界，都是具有普遍性的单独个体，都是实际存在的东西，这差不多相当于维特根斯坦在《逻辑哲学论》中所说的"Die Welt ist alles was der Fall ist"。对维特根斯坦的这句话并没有恰当的翻译，它的大意是"世界就是原样的实际存在"。如果没有似乎偶然的、似乎无始无终的，纯粹而简单的"降临"，实际存在的东西又如何能够产生？那些构成了存在的"降临"之物也同样构成了世界中的事物，以同样的方式，由降临之物构成的实际存在不断扩展，直到无限。[64]

现在来回顾一下我们此前提到的斯宾诺莎的相关论述（在阿尔都塞对斯宾诺莎的"异端化"解读中）：对斯宾诺莎来说，存在之所以存在，是由造成了存在的原因带来的。这些原因不是目的论的，也就是说它们不是由某种为达到目标的意图造成的，它们是机械的 / 自然的原因。我们的精神（我们对世界的想象关系）是由我们的物质身体关系带来的，我们的身体又与其他物体相连，这些物体又与一个更大的因果机制相连，所有这些偶然的因素造就了我们作为个体性与社会性的存在。论述至此，我们或许可以说，阿尔都塞的唯物主义是一种尝试，正如他所说的，他尝试把必然性想象为彻底的偶然性，这种必然性努力保持对非必然性事实的开放，努力保持在特定科学理论实践中对社会现象进行理解的开放（在巴什拉／斯宾诺莎意义上），它不被意识形态所束缚（通过拒绝起源与终点来摆脱意识形态的束缚），同时，它承认在特定的社会形式中，有某种确定的"必然性"，使其具有了准普遍的性质。这些必然性是由众多的物质实践构成的，它们决定着生存于该社会形式中的意识形态化意识。

无论如何，普遍即个别这种论断只在特定条件下成立，它指的是在某一历史阶段，由于各种因素（实践）的特殊性集合是不确定和偶然的，普遍性只能以个别的形式呈现自身（这也就是前文暗指的"实际存在的东西"）。而且，这种"普遍"，不是黑格尔意义上的"具体的普遍"，黑格尔的普遍由一个不断展开的巨大历史进程的各部分构成。这种普遍本身只是存在于构成了它的因素中（而因素本身也是由同一种偶然性造就的）。也就是说，这种普遍没有自身的存在，它只是产生于我们所做的事情，产生于各种媒介物中。然而，也正是在这里，阿尔都塞把自己逼到了一个死角。当他批判法国共产党在理解马克思主义科学方面提出的"两个世界"观，并建立自己的具有科学属性的理论时，他所努力维护的科学与意识形态之间的区分却因不堪重负而坍塌了：如果所有的科学或科学"真理"都是背景化的、历史的，那么，我们所得到的只能是相对主义，我们不可能从意识形态中抽出一个非意识形态的真理，不可能把各部分统一起来，以一个整体形态去克服整体化意识形态。对此，阿尔都塞写道：

> ……我们知道，在历史过程中，并不存在纯粹的理论实践，也不存在完美透明的科学，因为任何科学都是有持存的惯性，这种惯性不是因为产生于希腊的文明被唯心主义所困扰，具有意识形态的污点。我们知道"纯粹"的科学只存在于它不断的自我解放中，这种科学不断地把自己从束缚着它、缠绕着它、为

它设下埋伏的意识形态中解放出来。这种纯净化和自由的不可避免的代价是同意识形态本身的持续战斗，即持续地抵抗唯心主义……[65]

既然我们已经看到了阿尔都塞理论所引发的问题，我们就将在下面一章中转向阿兰·巴迪欧的思考。看一看巴迪欧的思想在何种方式上产生于阿尔都塞的理论，以及在何种程度上，至少部分地解决了我们在此提及的阿尔都塞遗留的理论问题。

本章注释

1. Louis Althusser, "The Humanist Controversy" in *Louis Althusser: The Humanist Controversy and Other Writings*, edited by Francois Matheron, translated by G.M. Goshgarian (New York and London: Verso, 2003), 221–306.

2. See Erich Fromm ed., *Socialist Humanism* (New York: Anchor Books, 1966).

3. Althusser, *The Humanist Controversy*, 223.

4. Ibid., 224.

5. Althusser, *For Marx*, translated by Ben Brewster (New York: Penguin, 1969), 232.

6. William Lewis, *Louis Althusser and the Traditions of French Marxism* (New York: Lexington Books, 2005), 63.

7. Althusser, *For Marx*, 232.

8. Althusser, "Introduction: Unfinished History" in *Proletarian Science*, Dominique Lecourt (London: New Left Books, 1977), 14–15.

9. See Perry Anderson, *Considerations in Western Marxism* (New York and London: Verso, 1976), Warren Montag, *Bodies Masses Power: Spinoza and His Contemporaries* (New York and London: Verso, 1999) and more recently, *Althusser and His Contemporaries: Philosophy's Perpetual War* (Bloomington: Duke University Press, 2013), Peter Thomas, "Philosophical Strategies: Althusser and Spinoza" in *Historical Materialism* Vol. 10, No. 3 (2002), 71–113, Gregory Elliott, *Althusser: The Detour of Theory* (Leiden: Brill, 2005), and also the collection, *Encountering Althusser: Politics and Materialism in Contemporary Radical Thought*, edited by Katja Diefenbach, Sara R. Farris, Gal Kirn, and Peter Thomas (London: Bloomsbury, 2012).

10. Peter Thomas, "Philosophical Strategies: Althusser and Spinoza" in *Historical Materialism* Vol. 10, No. 3 (2002), 71–113.

11. See Caroline Williams, "Ideology and the Imaginary" in *Ideology After Poststructuralism*, edited by Siniša Malešević and Iain MacKenzie (London: Pluto Press, 2002), 28 – 42.

12. Althusser, *For Marx*, 231.

13. Ibid., 231, 233.

14. Ibid.

15. Althusser, "Ideology and Ideological State Apparatuses (Notes towards an Investigation)" reprinted in *Mapping Ideology*, edited by Slavoj Žižek (New York and London: Verso, 1994), 125.

16. 在这里需要指出的是，阿尔都塞发展出一种关于想象的理论不仅是受斯宾诺莎的影响，也是受与他交流的其他人的影响，这些人读过雅克·拉康的想象理论。当然，阿尔都塞自己引用了拉康（而不是斯宾诺莎）的观念作为启发性思想来源，似乎也表明，斯宾诺莎思想对他的影响更大。对差别方面的更好论述，参见 Caroline Wiliams, *Contemporary French Philosophy: Modernity and the Persistence of the Subject* (London and New York: Continuum, 2001), 尤其是第二章和第三章。

17. See, for instance, Althusser, *Essays in Self-Criticism*, translated by Grahame Lock (New York: New Left Books, 1976), 135–141. And the late essay, "The Only Materialist Tradition: Spinoza" in *The New Spinoza (Theory out of Bounds)*, edited by Warren Montag and Ted Stolze (Minneapolis: University of Minnesota Press, 2008), 3–18.

18. Baruch Spinoza, *The Ethics Treatise on the Emendation of the Intellect and Selected Letters*, translated by Sam Shirley, edited by Seymour Feldman (Indianapolis and Cambridge, 1992), 59.

19. Althusser, *Essays in Self-Criticism*, 135.

20. Spinoza, *The Ethics*, 57.

21. Ibid., 60.

22. Ibid.

23. Ibid., 57, my cmphasis.

24. Althusser, *Essays in Self-Criticism*, 136–137.

25. Ibid., 136.

26. Ibid., 132.

27. Spinoza, *The Ethics*, 76, my emphasis.

28. Ibid., 156.

29. Ibid., 83.

30. Althusser, *For Marx*, 64 emphasis in the original.

31. 当然，它不是唯一的唯物主义，它是更大的由许多唯物主义装置与实践构成的社会结构的一部分，其中的教育装置在它的既定状态中被内卷化。

32. Althusser, "Ideology and Ideological State Apparatuses," in *Mapping Ideology*, 129, emphasis in the original text.

33. 这仍然是我们从巴什拉那里学到的，作为科学家，我们可以通过科学实践克服确定性"信念网络"的局限性，但是，在这样做的时候，我们是用其他信念取代以往的信念网络，而这种其他信念所履行的仍是一种意识形态功能。

34. Ibid., 131.

35. Ibid., 132.

36. Ibid, 120.

37. Althusser, *Essays in Self-Criticism*, 132.

38. See, for example, Ted Benton, *The Rise and Fall of Structural Marxism: Althusser and his Influence* (New York: St. Martin's Press, 1984).

39. See Warren Montag's introduction his edited collection of Macherey's work, entitled *In a Materialist Way*, translated by Ted Stolze (New York and London: Verso, 1998), especially 4–7.

40. 在这方面，我将要特别地考察一下马舍雷的著作。

41. Bachelard, *The Formation of the Scientific Mind*, translated by Mary McAllester Jones (Manchester: Clinamen Press, 2002), 245.

42. Ibid., 246.

43 因此，阿尔都塞用他自己的哲学方法来考察和批判他的早期哲学立场。这是他的《自我批判论文集》中的主要宗旨。

44. 阿尔都塞，《自我批判论文集》，第 128—129 页。蒙塔格注意到，这种批判在上文提到的讲座（比这更早的论文在此发表）中出现过。See Montag, "Introduction," in Macherey, *In a Materialist Way*, 4.

45. Ibid.

46. Althusser, *The Humanist Controversy*, 25–26.

47. 双重组织化发生于社会是进行一种实践，还是进行多元实践时，这样的社会被一分为二，而社会的每个成员都成为这样或那样组织的成员。

48. Claude Lévi-Strauss, *The Elementary Structures of Kinship*, translated by James Bell, John Von Sturmer and Rodney Needham (Boston: Beacon Press, 1969), 75, my emphasis.

49. Ibid.

50. Stephen Turner, "Structuralist and Participant's View Sociologies" in *American Sociologist*, Vol. 9 (August, 1974), 143–146.

51. Ibid.

52. Turner, "Complex Organizations as Savage Tribes" in *American Philosophical Quarterly*, Vol. 14, No. 3 (July 1977), 99–125.

53. See chapter 1.

54. Althusser, "Philosophy and Marxism" in *Philosophy of the Encounter: Later Writings 1978–1987*, edited by Francois Matheron and Oliver Corpet, translated by G.M. Goshgarian (New York and London: Verso, 2006), 263.

55. Ibid.

56. Ibid., 264.

57. 需要注意的是，这种批判是针对阿尔都塞的黑格尔研究的一类，在本书后面的章节中，这种批判是有问题的。尤其是在第五章，齐泽克对黑格尔的解读中表现得很明显。

58. Althusser, *For Marx*, 101.

59. Ibid., 102.

60. Ibid., 100.

61. Macherey, *In a Materialist Way*, 161–187.

62. Ibid., 164.

63. See Althusser, *The Humanist Controversy*, 19–21.

64. Althusser, "The Only Materialist Tradition: Spinoza" in *The New Spinoza*, 7.

65. Althusser, *For Marx*, 170.

参考书目

Althusser, Louis. *Essays in Self-Criticism*. Translated by Grahame Lock. New York: New Left Books, 1976.

———. *For Marx*. Translated by Ben Brewster. New York and London: Verso, 2005.

———. "Ideology and Ideological State Apparatuses (Notes towards an Investigation)" in *Mapping Ideology*. Edited by Slavoj Žižek. New York and London: Verso, 1994. 100–140.

———. *Louis Althusser: The Humanist Controversy*. Edited by Francois Matheron, translated by G.M. Goshgarian. New York and London: Verso, 2003.

———. "The Only Materialist Tradition: Spinoza" in *The New Spinoza (Theory out of Bounds)*. Edited by Warren Montag and Ted Stolze. Minneapolis: University of Minnesota Press, 2008. 2–19.

———. *Philosophy of the Encounter: Later Writings 1978–1987*. Edited by Francois Matheron and Oliver Corpet, translated by G.M. Goshgarian. New York and London: Verso, 2006.

Anderson, Perry. *Considerations in Western Marxism*. New York and London:

Verso, 1976.

Bachelard, Gaston. *The Formation of the Scientific Mind*. Translated by Mary McAllester Jones. Manchester: Clinamen Press, 2002.

Benton, Ted. *The Rise and Fall of Structural Marxism: Althusser and His Influence*. New York: St. Martin's Press, 1984.

Diefenbach, Katja, Sara R. Farris, Gal Kirn, and Peter Thomas Eds. *Encountering Althusser: Politics and Materialism in Contemporary Radical Thought*. London: Bloomsbury, 2012.

Elliott, Gregory. *Althusser: The Detour of Theory*. Leiden: Brill, 2005.

Fromm, Eric (Ed.). *Socialist Humanism*. New York: Anchor Books, 1966.

Lecourt, Dominique. *Proletarian Science?: The Case of Lysenko*. Translated by Ben Brewster. London: New Left Books, 1977.

Levi-Strauss, Claude. *The Elementary Structures of Kinship*. Translated by James Bell, Jon Von Sturmer, and Rodney Needham. Boston: Beacon Press, 1969.

Lewis, William. *Louis Althusser and the Traditions of French Marxism*. New York: Lexington Books, 2005.

Macherey, Pierre. *In a Materialist Way*. Translated by Ted Stolze. New York and London: Verso, 1998.

Montag, Warren. *Althusser and His Contemporaries: Philosophy's Perpetual War*. Durham: Duke University Press, 2013.

———— *Bodies Masses Power: Spinoza and His Contemporaries*. New York and London: Verso, 1999.

Spinoza, Baruch. *The Ethics Treatise on the Emendation of the Intellect and Selected Letters*. Edited by Seymour Feldman, translated by Sam Shirley. Indianapolis and Cambridge: Hackett, 1992.

Thomas, Peter. "Philosophical Strategies: Althusser and Spinoza" in *Historical Materialism*. Vol. 10, No. 3 (2002). 71–113.

Turner, Stephen. "Complex Organizations as Savage Tribes" in *American Philosophical Quarterly*. Vol. 14, No. 3 (July, 1977). 99–125.

———. "Structuralist and Participant's View Sociologies" in *The American Sociologist*. Vol. 9 (August, 1974). 143–146.

Williams, Caroline. *Contemporary French Philosophy: Modernity and the Persistence of the Subject*. London and New York: Continuum, 2001.

———. "Ideology and the Imaginary" in *Ideology After Poststructuralism*. Edited by Sinisa Malesevic and Iain MacKenzie. London: Pluto Press, 2002. 28–42.

第三章　巴迪欧的"唯物主义"：停滞与变化

　　正如我在序言中提到的，我的这本书是要阐明阿兰·巴迪欧和斯拉沃热·齐泽克两人是如何从理论上借鉴阿尔都塞，同时又是如何试图克服其留下的理论困境的。在这一章中，我首先开始介绍巴迪欧的相关思想。巴迪欧在理论上借鉴了阿尔都塞，这是众所周知的。[1]我的这一章将为大家提供一个简要回顾，内容包括巴迪欧的唯物主义思想、这种思想与阿尔都塞的关系，以及其他学者对巴迪欧思想的一些回应，当然，我并不完全认同其中的一些说法。在第二章中，我指出阿尔都塞的理论存在待克服的问题，为克服阿尔都塞的理论困境，巴迪欧提出了自己的解决方案，我将在这一章详细地阐述这方面的内容，而且，更为重要的是，我将对巴迪欧在建构自己的思想过程中纠正阿尔都塞的方法给出评价。

　　与阿尔都塞一样，巴迪欧也对某种马克思主义抱有坚定的信念，根据这种马克思主义，人类社会的根本性变革不但是可能的，而且在某种程度上，还可以说是不可避免的。他认为，根本性变革之不可避免仅仅是因为它是将要发生的事物。认为一种既定历史阶段，或社会背景可以被一种永恒的静止状态所取代，或者根本性变革将带来历史的终结，这是完全错误的。变化是永恒的，大规模的变化已经在人类历史上发生过，它还将再次发生。

进而言之，对巴迪欧来说，修正性变革并非真正的变革。这种变革只是避免去改变既定社会秩序的借口，它用一种永恒的静态秩序取代被它称为错误（被意识形态所驱动的）的秩序。在巴迪欧看来，变革不是某种缓慢和逐渐发生的事情，它是一种快速的革命变迁，通过这种变迁，既有秩序被动摇和颠覆。对巴迪欧的这一观念，安德鲁·约翰斯顿（Adrian Johnston）进行了很好的总结，他指出，对巴迪欧来说，我们的世界有两种时间性，一种可以被概括为是相对静止的时间，在其中没有什么事情真正地发生；另一种是巴迪欧所说的"事件"性时间，在其中，事件引起了激进而剧烈的变化。[2]

在 1988 年出版的代表作《存在与事件》中，巴迪欧对"事件"进行了描述。事件产生于一个既定的"状况"。在巴迪欧的术语中，"状况"指的是一种事件，或者特定历史阶段的状态，这种状况是相对静态的，但由于竭力维持这种短暂的静态模式，反而显示出其通常隐藏着的脆弱与不稳定。[3]通过把静态的暂时性存在中的非静态性质突显出来，巴迪欧的事件为变化奠定了基础，事件带来的变化打破了一个既定的暂时性存在的平稳，为这一存在带来断裂，使之不再是静态的，而是变化的。我们也可以从巴什拉的思想角度来理解断裂，虽然对巴迪欧来说，这种断裂并非仅仅是一种认识论事件，这种断裂的后果会超出知识领域。无论如何，事件本身是不自足的，事件要求经历事件的个体对事件作为事件的认同，这种认同程度也就是事件的出现能够影响它的服从者，并使之成为事件的"服从者"的程度。这些事件性主体的认识活动支撑着由事件所带来的"真理"。巴迪欧举了一个例子，来说明这种事件，以及由事件所唤醒，并以引导者身份协助执行事件所宣称的变化的服从者，这个例子就是圣－保罗（Saint Pawl）的信仰转变。

简言之，巴迪欧认为，圣－保罗是在去大马士革的路上，在作为被降临到他身上的事件所呼唤的主体的过程中，改变了自己的信仰，成为一名基督教信仰者的。也就是说，只是作为事件的结果，保罗才成为圣－保罗。根据巴迪欧的描述，保罗成为这一事件的"服从者"，宣誓效忠事件中的真理（道成肉身，以及在上帝面前人人平等的基督教信仰），对于他所宣誓效忠的真理，他是被动地接受的，这种真理发生于此时存在的"状况"中（在状况中，特殊的真理并不存在）。事件超越于它由之所产生的状况，因为对保罗来说（也因此对他的追随者来说），事件有效地耗尽或者说清空了之前历史阶段的组织架构，以及建立其上的之前的认同与社会制度。对保罗以及他的追随者来说，耶稣、希腊人、罗马人、基督教徒，以及其他的同一性都不再存在，存在的只有同一个普遍的上帝的普遍服从者。[4]

由于事件，以及事件服从者的工作，人类世界发生了不可更改的变化，而且这种变化是以剧烈的（快速的）方式发生的。对巴迪欧（一位无神论者）来说，这种变化是否是一种目的论的转变无关紧要，重要的是它展示出事件的威力。巴迪欧总结说，保罗的信仰改变告诉我们，存在着两种不同的暂时性，一种是相对静止的、无变化的暂时性世界，在这个世界里，保罗身处前事件的时间中，其中有着被既定历史状况所决定的各种差异；另一种是快速的、革命性变化着的暂时性，接踵而至的是事件，在事件发生的时间中，之前的所有不同和差异都不再有意义（至少对那些事件的服从者来说是如此）。

正如上文提到的，对事件性"真理"的确认依赖于那些经历"事件"的事件服从者对它的揭示。事件及其真理的确保、证明、激发或者证实不可能建立在事件发生之前的既定历史状况上。换言之，事件是短暂的，但它所带来的启示却不是。在事件发生前，我们对世界（以及对我们自己）的知识和经验是历史性偶然秩序、结构以及特定时间内各种差异的产物，在这个特定时间中并不存在真正的普遍性。只有在"事件"提供的启示中，人们才能看到他们存在的历史偶然性，以及他们对世界的理解模式（这种理解模式只是事件所揭示的普遍真理的一部分）的不确定性。因此，巴迪欧论述说，"成为真理主体的组成部分只能成为**某些降临到你身上之物的部分**"[5]。在巴迪欧对事物的阐述中，对普遍性的认识只能通过对事件的被动接受来获得。因此，就像阿尔都塞对事物的认识一样，巴迪欧也把变化视为不是依赖于个体在特定状况下寻求改变的活动，而且依赖于偶然，或者说事件的发生概率。随着事件的发生，个体被重塑，成为这种变化的代理者。[6]

事实上，就像我已经指出的，我在上面所论述的巴迪欧的思想都出自他的相关论文，这些论文大约发表于《存在与事件》出版前后。此外，关于巴迪欧还有另一方面（也是重要的方面）需要在这里进行讨论，这就是巴迪欧的早期思想。在上一章的结尾，我们提出了阿尔都塞的理论存在问题，而早期的巴迪欧就试图用毛泽东思想去解决这一问题。在讨论成熟的巴迪欧思想之前，我想稍作停留，讨论一下巴迪欧的早期著作，因为它们对于理解其后期呈现的著作，以及我将在下一章论述的，他在解决阿尔都塞遗留问题的过程中所产生的问题具有重要意义。我们将从巴迪欧于 1967 年发表的一些关于阿尔都塞文本的书评开始，这些内容的很大一部分也将出现在最后一章。巴迪欧的书评以"辩证唯物主义的再发生"为题，就阿尔都塞的《保卫马克思》和《解读资本论》进行了评论，从中我们可窥见巴迪欧对自己老师著作的早期观点。

一

在马克思的哲学中，辩证唯物主义和历史唯物主义所扮演的角色存在关联，阿尔都塞对此进行过论述，巴迪欧则以对相关内容的分析开始了自己的评论。巴迪欧正确地指出，阿尔都塞把历史唯物主义理解为科学（历史的科学），这是马克思在思想上与黑格尔和费尔巴哈决裂后建立的，而辩证唯物主义，如巴迪欧所评论的，"是一种原则，只有在辩证法中，历史唯物主义这门科学才能成为科学"[7]。换句话说，对阿尔都塞来说，辩证唯物主义是一种哲学（由马克思通过认识论的断裂而建立），正是从这种哲学出发，人们才能理解历史唯物主义是科学。更进一步地说，辩证唯物主义也是一般意义上的"科学的科学性"的理解原则。[8]巴迪欧认为，一些马克思主义者，如偏向人道主义的马克思主义的萨特等人，以及法国共产党的列宁主义的马克思主义者们，不是试图使辩证唯物主义屈从于历史唯物主义（就是相反，使历史唯物主义屈从于辩证唯物主义），或者把一方归之于另一方，但是阿尔都塞对两者的理解却否定了上述马克思主义者们的做法。在阿尔都塞的论述中，历史唯物主义与辩证唯物主义之间存在区别，然而，在巴迪欧看来，两者之间的区别并"不清晰"。[9]

> DM（辩证唯物主义）和HM（历史唯物主义）之间的区别**内在于**DM中，然而，在一个依然模糊的理论化依赖关系中，为了与我们所说的双重断裂相符合，DM却**依赖于**HM的……因为作为对唯心主义认识论的反对，DM是一种科学的**历史理论**……因此我们看到，DM与HM相互区别的建基点并不是分布式的。这里存在着一种非区别的区别，从原则上说，这种区别是混合的：不清晰。[10]

可以说，正是在"不清晰"中，辩证唯物主义与历史唯物主义处于同构状态。当然，这一点是对我们前面（第一章）所讨论的阿尔都塞理论的传统性质的回应，阿尔都塞认为真理存在科学与非科学之分。巴迪欧则认为，历史唯物主义是被发现的，而不是由马克思在建立辩证唯物主义的过程中建立的（正如巴迪欧在引文中所论述的，辩证唯物主义反而是建立在历史唯物主义之上的）。正因为如此，巴迪欧提出"只有哲学才能从一种意识形态状态转到一种科学学科"[11]。与此同时，正因为辩证唯物主义与历史唯物主义是同构的，人们才能辨识出理论中的意识形态。因此，我们又被迫退回到第二章结尾处提到的阿尔都塞的理论问题上，即他对科学与意识形态的划分：在创建科学之为科学的可能性时，或者说在创建辩证唯物主义时，我们同样也是在创建意识形态之为意识形态的可能性。科学与意识形态不可避免地相互交织。巴迪欧写道：

> 从辩证唯物主义（使历史唯物主义具有科学性的学科）的定义中，我们可以立即得出结论，那就是科学是该领域的决定性概念。但是，处于一个无法独立地"看"问题状态中的辩证唯物主义不可能具有科学仲裁者的能力：因此，首先呈现的是差异的科学——意识形态双重性。辩证唯物主义所认同的客体是相关的差异系统，其中同时存在的科学与意识形态既是关联的，也是非关联的。[12]

这一点不容忽视。在描述辩证唯物主义与历史唯物主义两者之间的差别时，巴迪欧所持有的仍然是一种构成性的"清晰"概念观，他认为只有确定了两者之间的清晰差别，才能划分出科学和意识形态。在巴迪欧看来，像辩证唯物主义与历史唯物主义这样的关系术语确实表达了不同的概念，但同时它们也必然不可避免地以相同的方式纠缠在一起。因此，他提出，最终看来，"科学，就是意识形态的科学"，但同时，"意识形态也总是一种科学的意识形态"。[13]

从巴迪欧的观点来理解的话，马克思主义科学（如阿尔都塞所描述的）所做的（这里再次回应了我们在第一章中所论述的，只是视角稍微不同），首先而且最重要的是在科学与意识形态之间做出区分，因此，辨认意识形态之为意识形态（以及与此同时，辨认科学之为科学），也就转而成为建构决定着特定科学之为科学的意识形态。布鲁诺·波斯提尔斯（Bruno Bosteels）对此进行了评论，他在概括中认为："不但每种科学都建立在意识形态之上，只是服务于它存在的可能性，而且除了通过辨识科学的反作用力外，根本就没有什么话语可被认为是意识形态的。"[14]

在波斯提尔斯所概括的语境下，巴迪欧所说的阿尔都塞的理论问题，也就是我在第二章结尾处提到的，可能不一定是一个问题。它们只是阿尔都塞理论的组成部分和元素，亦即在科学和意识形态之间存在着一种模糊的关系：它们不能简单地被分离开来。虽然巴迪欧对阿尔都塞理论的评价是变化着的，但正如波斯提尔斯所指出的，巴迪欧指责阿尔都塞理论在辩证唯物主义与历史唯物主义之间，以及科学与意识形态之间存在着"不清晰"的关联，这一观点对巴迪欧自己所建构的理论体系至关重要，这种影响贯穿于巴迪欧从理论生涯的起点直到目前的整个研究过程，这一点我们也将在后面的章节进行论述（尽管第四章的某些内容是我对他的观点的反驳）。[15]

事实上，巴迪欧一方面提出对阿尔都塞的马克思主义的批判，认为阿尔都塞的马克思主义是"无主体的过程"，阿尔都塞对主体性的描述（与他对列宁的解读相关）整体上都是被主体所陷入其中的结构（或者说特定历史阶段下的状态与意识形态装置的集合）所决定的，换言之是被结构所质询的；另一方面，他也在 1975 年出版的《矛盾理论》中认为，阿尔都塞没有看到"分裂"其实是不存在的，在这里我们也可以说，这个"分裂"就是内在于主体认同本身的"不清晰"。[16]科林·怀特（Colin Wright）提供了一个很好的说明，我们可以从中看到巴迪欧为什么说阿尔都塞误读了列宁的主体性（实际上是把他自己的立场加在了列宁头上）：

> 仔细阅读可以看出，列宁所攻击的并非这种一般意义上的主体，而是资产阶级主体意义上的唯心主义主体。列宁并没有把整个主体范畴加以清除，而是把主体一分为二：它或者是宗教的主体（回顾一下阿尔都塞援引帕斯卡尔所描述的构成性信仰主体），或者是唯物主义的主体。对巴迪欧来说，列宁的辩证唯物主义是真正的有主体的过程。相反，阿尔都塞的客观的构成主义却是一个典型代表，是一种形而上学的不变量。它提供了思维变化的方案，但同时却屈从于一个受非辩证"原则"支配的辩证法的巨大分裂力量。[17]

巴迪欧所说的"形而上学的不变量"是结构性因果的原则，我们现在可以清楚地看到，阿尔都塞把这个原则当作历史持续进行以及主体性进入存在的中介，而且是唯一的中介。巴迪欧反对这一点。如怀特所指出的，巴迪欧试图表明，我们必须坚持认为"不存在同一，只存在分裂的一"，历史的"进程"自身就具有辩证性，按照巴迪欧的说法，"综合的辩证概念是新断裂的产物，而不是别的什么"[18]。这也就是说，我们要做的不是通过一种恰当的辩证唯物主义分析，期待通过结构克服主体的过程取得成功，相反，我们要做的是去理解在结构的过程以及从属的过程中所发生的分裂。

对巴迪欧的观点，我们可以换一个角度来理解。的确，如阿尔都塞所描述的，主体是社会背景装置的建构物，它们是在这个装置中发现自己的，但它们又不完全是被决定的，它们也是具有影响这一装置的潜能的存在，当然，这种具有潜能的主体并非用传统资本主义概念所描述的"自由"主体

（就这一点而言，阿尔都塞的批判理论是正确的）。而且，社会背景装置（包括真实状况与意识形态）虽然在一系列整体存在方式中是确定的，但同时它们也是分裂的，具有历史的不确定性和不可预测性。因此，结构与主体都是不清晰的。

当然，巴迪欧的观点不仅来自他对"不清晰"的理解，即认为在阿尔都塞的批判理论中，科学与意识形态（以及辩证唯物主义与历史唯物主义）之间的界限是模糊的，并借此来批判阿尔都塞，而且来自毛泽东对过程和矛盾的理论。如怀特所指出的，毛泽东认为矛盾不仅存在于所有部分的现实过程，而且这个过程本身也"别无选择地是一个矛盾系统"。[19] 或者，用毛泽东自己的话来说就是：

> 矛盾的普遍性或绝对性这个问题有两方面的意义。其一是说矛盾存在于一切事物的发展过程中；其二是说**每一事物的发展过程中存在着自始至终的矛盾运动**。[20]

可以说，对巴迪欧来说，至少在 1975 年的时候，他认为主体与结构的界限是"不清晰"的，因为结构把主体召唤到存在中，而主体也起到支撑结构的作用，不仅如此，主体与结构两者本身也是以毛泽东矛盾理论的方式一分为二的。

在 1982 年出版的《主体理论》的开篇，巴迪欧就是从这种观点出发，阐述政治主体及其与资本主义的关系。他认为，资本主义社会可以通过（马克思主义）著名的两大矛盾的关系来理解。第一大矛盾就是他所说的"基础性"矛盾，存在于"社会的生产力与生产关系之间"，第二大矛盾巴迪欧称之为"原理性"矛盾，存在于"两个对立的社会阶段之间"。[21] 当然，两大矛盾中的基本矛盾是经典马克思主义的"地基"，而原理性矛盾则是"动力"，是马克思和恩格斯在《共产党宣言》中所说的经典名句："所有的历史都是阶级斗争的历史"。[22]

当然，巴迪欧在他的论述中也指出，我们可以从两大矛盾中得到关于资本主义、历史变迁，以及最终关于马克思主义政治主体即工人阶级的两种不同定义。从第一种矛盾，即基础性矛盾出发，人类历史是被经典马克思主义所说的经济基础与上层建筑所驱动的。这是一种更接近结构主义的理解：其中主体是谁、它们怎样存在，是被特定历史阶段内处于基础层面的、不断变化的经济矛盾所决定的。第二种矛盾，如我们上面所提到的，即"主要的"矛盾，从这种矛盾出发，人类社会的历史是由代表不同利益的对立阶级的对抗来驱动的。正如巴迪欧所指出的，虽然从表面看，这两种关于历史的不同矛盾的定义是冲突的，然而事实上，它们是相互关联的，因为它们在真正的毛泽东思想意义上，代表着马克思主义观念中的资本主义社会一分为二的两个方面。巴迪欧通过考察两种定义中的工人阶级所扮演的角色来表明这一点：

> 如果没有**工人阶级这个关键因素**，两种不同矛盾就会导致悖论，陷入困境。阶级在两种对人类历史的理解中都发挥着积极作用。在第一种理解中，阶级是生产力的原理，在第二种理解中，阶级是隐蔽的政治整体，并且这一政治整体以无产阶级的名义，去与资产阶级进行斗争。[23]

在这里，我们看到不仅存在着关于资本主义的两种分裂的理解，而且在关于工人阶级的理解方面也是如此。在第一种理解中，工人阶级只是生产力的机制，而不是别的什么；而在第二种理解中，工人阶级成为一种革命的政治力量。但是，再一次地，在巴迪欧的思想中，看似有问题的矛盾被当作两种理解界限不清晰的呈现，最终被当作是内在于无产阶级本身的：

> 只要把无产阶级当作被设计的存在，或者被设计成处于生产关系中，或者被设计成是与资产阶级进行斗争的所有凝聚力，我们就会面临二者择一的局面。孤立地看，第一种定义直接束缚了阶级，使它只存在于工厂，使它把自己的主体化过程限制在没有什么前途的工会抗议上，或者类似斗争的变种上。第二种定义使无产阶级与生产过程这个固定点相脱离，使人们相信只要用一把具有威慑力的锋利尖刀刺向资产阶级认识论，资本主义统治就会被削弱。[24]

在这里，我们除了认识到辩证法是把尖刀，可用来切开马克思主义的工人阶级分析的心脏外，并没有得到其他什么。事实上，无产阶级既是生产力的实现机制，它的利益真实地存在于工会主义的能力上，同时也是具有潜能的革命力量，是马克思和恩格斯在《共产党宣言》中所描述的可以埋葬资产阶级的力量。[25]巴迪欧继续论述道：

> 阶级，从辩证法的辩证二分来理解的话，意味着党派的政治活动以大众的生产历史为核心……所有的关键在于认识到这些活动是如何一起发挥作用的，因为阶级正是所有活动的集合。这种正确理解完全可以确保在历史的这个真实时刻，产生出政治变革的奇点。[26]

在这里，我们可以清楚地看到，上述观点可以回溯到巴迪欧在《存在与事件》以及其他著作中对"事件"的理论化所阐述的观点。他所说的事件正是在"历史的这个真实时刻，产生出政治变革的奇点"中的"这个时刻"。既然我们已经了解了这些前提性内容，现在我们可以转向对巴迪欧当代著作的探讨，弄清楚他在这些著作中提出的停滞与变化指的是什么。

二

在深入讨论巴迪欧的"事件"是由什么构成的之前，我想用点时间，先把焦点集中在我们在本章开篇所提出的巴迪欧的一个论点上，即事件使人（与事物）之间存在的差异变得"无效"，阐明这一点后，我们再回过头来看看"事件"的构成成分。正如我们在上面提到的，巴迪欧对毛泽东思想的理解使他持有这样一种观点，即认为世界上存在的所有事物的具体构造都不是永恒的、静止的，或者说不具有最终的必然性，相反，它们都是偶然的历史起源（参见上面提到的毛泽东对过程与矛盾原则的论述）的产物。这种观念同样适用于世界上所有以不同方式存在的事物，以及被我们用知识整理出来的事物的范畴。不仅如此，这种观念对人类意识和我们的历史与社会组织（政治的与／或其他的）也是生效的。所有这些事物之所以能被作为存在之物，是因为被纳入了一个产生效果的整体存在，巴迪欧在《存在与事件》的开头描述了这种整体。[27]巴迪欧认为："我们所说的整体并不单个地作为展开自身之物存在着，这种单个的整体是不存在的，存在的只有'产生效果的整体'的统一体。"[28]存在本身（巴迪欧称之为"存在之为存在"）并不是一，或者整体，相反，它是一个无限，或者说未完成的多元组合，其中包含各种分裂和矛盾的东西。通过"产生效果的整体"的运作，这种多元组合成为结构化的（呈现为完整的东西），巴迪欧称之为"状况"的东西由此产生了，而所有存在之物正是在其中把自身呈现为一个结构化整体的多元组合成分。根据巴迪欧的说法，在这一过程中，存在的未完成的基础性和重要性矛盾，从呈现在状况里的事物中被排除了。换言之，在呈现过程中被掩盖和排除的事物使上述矛盾的完整性存在缺陷，这种缺陷也是巴迪欧在前面提到的所有存在中的内在"分裂"。

更进一步地，巴迪欧认为，一个多元组合中的特定的"多元"（事物）本身只有作为呈现中的多元本身（作为"整体"中的一个，即始终以多元组合方式存在的整体中的一个多元物）才是可以辨识的（它的始终如一性是因为只有如此，它才能在产生效果的多元运作中被当作一个存在物）。巴迪欧这样进行了总结：

> 多元是呈现的规则，就呈现而言，整体是多元呈现的结果，存在就是呈现（本身）所呈现的东西。在此基础上，可以说，存在既不是整体（因为只有呈现本身才是产生效果的统一性），也不是多元事物（因为多元只是呈现的规则）。[29]

要理解巴迪欧的这种本体论，也就是要理解该本体论中的不一致性／未完成性矛盾的多元组合。正是在这种未完成性中，任何的有效运行都使多元组合结构化，使之成为一致性的多元组合。为此，也就是说为了思考存在的未完成性，我们必须理解巴迪欧所说的有效运行，以及状况（如我们所看到的，它就是从有效性中产生的结果）被结构化的方式，通过这种结构化，状况使自身呈现为具有结构性整体的统一体，它包含（一种隐藏的）未完成性。在《存在与事件》中，巴迪欧转向了数学，更具体地说，转向以格奥尔格·康托尔（Gerorg Cantor）的集合理论作为工具，用以思考这种存在本体论。在这种本体论中，我们可辨识整体中的非存在，以及创造了整体的双重过程，即产生有效结果的整体存在过程，此外，还有存在之未完成性（它的不一致性）的抽象特征。以下，我将主要阐述一部分康托尔数学理论的内容，这部分内容对巴迪欧这段时期的思想具有重要影响。

三

　　康托尔认为，一组排列有序的数字是一组任何一个数字都能成为其成员的数字，新出现的数字只要能在有序上与原初数字相连，它就是这组序列数字的成员。这就是著名的"集合论"，它可以涵盖几乎所有的具有基础性关联的自然数，这些数本身也是集合。对于任何一个自然数来说（也是对所有自然数的系列来说），存在一个数，它有序地与其他数相连，以至于它紧跟在这个数字之后（2 之前是 1，3 之前是 2，等等）。康托尔指出，集合论适用于有限数字，如自然数，也适用于他所说的"无穷数"，或者不断增长的无限数列。因此，可以说，没有任何一组数字或数字集合能把所有的集合数囊括到一个封闭的整体中。也就是说，没有一种无限数列能包含所有可能的数列，相反，存在的只有众多的"无穷的"序数集合（这些集合本身与其他集合有序地关联着）。

　　康托尔为无穷数列的存在作辩护，其部分原因我们在上面已经提到，数列可能是集合，正如单个数字可能有序地关联着其他另外的数一样。考虑到这些原因，我们可以看到，拥有一系列自然数的整体（一个无穷数列）本身也可能是另外一个拥有一系列自然数的整体的组成部分，而且它们组成的整体还可能是另外一个更大整体的部分，如此，以至无穷。因此，我们可以假定存在着多元的无穷数列，或者用康托尔自己的话来说：

　　　　……最小的无穷数列，我标记为 ω，从属于（无穷集），因为它可以增加，扩大到下一个更大的数列 $\omega+1$，并依此扩大到 $\omega+2$，以至无穷。但是这个最小的真实存在具有无穷潜力，或

者说集合数也是无穷的，这个原理适用于更大的集合，并可以

无穷地进行下去。[30]

这个最小无穷集合（康托尔所说的 ω）是包含所有有限数字（自然数及其分数）的数列，通常被标记为 $\aleph_0$。康托尔证明，这个最小无穷集合比所谓的"实数"集（包含有限数、"无理"数和"超越"数的数列）还要小，因此在不同尺度上，有两种相互区别的无穷数列。更进一步地，康托尔通过证明得出著名的结论，即无穷数列包含的实数等于 $2\aleph_0$（也就是说，是 $\aleph_0$ 的幂数）。

在证明了上述内容之后，康托尔反问，$2\aleph_0$ 是否相当于被标记为 $\aleph_1$ 的超越数（或者用康托尔自己的符号 ω+1），如果两者相等，$2\aleph_0$ 是否会立刻成为 $\aleph_0$ 的后续者。这就是连续统假说的内容。如果连续统被证明是正确的，那么紧跟在 $\aleph_0$ 后的超越数集合 $\aleph_1$ 就等于 $2\aleph_0$，如此一来，也就意味着 $\aleph_2$ 将等于 $2^{\aleph_2}_1$，如此等等。连续统理论的真实性证明（或否证），有着超越于数学领域和数列论的重要含义，正如彼得·海伍得（Peter Hallward）所阐述的：

> ［连续统假说］……假设了传统数学测量体系（首个数字等级）和物理学的真实数字之间存在一个有序的、明晰的关系。如果连续统假说是正确的，那么（用柏格森的话说），不仅物理时空和数字之间存在一个精确的数学关系，而且有限宇宙中的任何事物都可被认为有其适当的位置，因为它们某种程度上都在一个清晰的秩序等级中占有一席之地……另一方面，如果连续统理论不是真的，那么，至少可以说，不存在无穷数列，$2\aleph_0$ 不能被当作数字计算等级中有确定位置的数。我们可以从另一角度看待这一问题，如果连续统不是真的，那么，最小的无穷数

列的倍数就是一种纯粹不可测量的数，超出了 $\aleph_0$ 数列本身。一
个拒绝连续统的宇宙因此应该接受某种程度上混乱的本体论，
它应该容忍某种数列的存在，这种数列不能在包含着它们的秩
序中被指派在任何清晰的位置上。[31]

众所周知，虽然连续统假说真实与否并没有得到证实，但 P.J. 科恩
（P. J. Cohen）已经证明它独立于集合论公理，对包括巴迪欧在内许多人来说，
这就相当于证明了它的虚假性。[32]对巴迪欧来说，从中能够得到的哲学观点
就是：存在不是封闭的，并不存在基础性的连续整体（这也就是巴迪欧所说
的"一是无"的含义）。更进一步说，由于存在是向我们呈现出的存在，在
呈现中它似乎是秩序井然的（完善的），那么呈现本身必须包含着非一致的
（非秩序的）的东西。没有拘泥于上述数学集合论，巴迪欧认为：

> ……这种非连续性的多元是不可想象的……出现在结构化
> 有效整体之前的非连续性多元只是一种存在的不可理解的地平
> 线……纯粹的多元在已经消散之前几乎不会在呈现中出现，它
> 的非在场像是梦境中的一道闪光。[33]

看起来，非连续性多元阻止它自己现身。呈现给我们的存在，作为处境
中的存在，总是已经被"产生效果的整体"运作结构化了。这也就是为什么
如果没有集合论的辅助，存在作为（自在）是不可想象的。集合的数学形式
化使我们能够理解非连续多元的本体论位置，并且能够理解在一种状况中的
存在的未完成性，在这种状况中非连续性（以及它附带的未完成性）进入了
存在。巴迪欧继续写道：

由于任何事物（在一种状况中的）都是功能性的，而且由于功能性事物的整体是作为产物而出现的，这就留下了提醒我们的幽灵，这个幽灵让我们记住多元并非以整体的形式存在。我们不得不承认，在状况内部的纯粹或非连续性多元既是排斥性的，把事物与呈现本身都排除在外，也是接纳性的，接纳"应该是"的名义下的呈现本身，以及在"物自身"名义下的呈现物。如果这种规律没有赋予我们思考不可思考东西的权利：那么整体是非整体的，连续性存在是非连续性的。[34]

那些呈现为连续性，且因连续性而成为在一个给定状况下可辨识的多元整体的事物，只是由于有效性规律才存在，在其中，非连续性被连续性所掩盖，连续性进入事物之中，也就是说它不过是给定状况下的虚无（或者说非物）：

一旦一个给定状况下的所有存在物都服从于整体和连续的规律，从内在性立场转向处境的立场就是必需的，根据整体和连续的有效性规律，纯粹的多元，绝对性的非呈现，就是**虚无**，但是这种虚无与非存在远非一回事，因为其中的"有"与存在之"有"是不同的。[35]

巴迪欧为既定状况下存在的这种特殊的虚无起了一个名字，即"空虚"，它在状况中（在有效运作的行为发生后）占据了一个位置，却被从呈现中去除了。在探讨巴迪欧著作中的"空虚"的位置时，我们应该注意山姆·吉莱斯皮（Sam Gillespie）所说的，空虚不应该被看作是"一个物理性的存在空缺，或者匮乏，或者经验中心的伤口。它只是巴迪欧为从呈现中去除的东西所起的名字。而且，由于虚无先于呈现而存在……任何状况中的非连续性的非呈现都是空虚"[36]。

吉莱斯皮在纯粹多元与"空虚"之间划出一条明确的界限，这是正确的。两者确实不同，前者指的是作为康托尔集合论（及其相关发展）的结果，我们在多元的处境中可以数学化地思考；后者对巴迪欧来说，只是世界在有效运行后进入存在的东西，是结果性的境况，只是这种境况是虚无（或者减去）的结果，虽然它区别于纯粹的多元，但我们仍然可以借助数学来思考它。[37] 从这个角度看，空虚理论是巴迪欧关于变化的成熟期理论的核心。为了恰当地理解他的观点，我们必须首先多了解一些巴迪欧的"状况"概念，弄清它的性质和地位，因为它是时间性的（貌似）静态的模式，是空虚的立足之地。

四

我们已经看到，事物是如何以某种方式，成为一个"状况"的组织部分，或按照状况行事的，以及是如何通过这种方式作为产生效果的整体而存在的。巴迪欧把"状况"界定为一种"呈现的多元化"，而且在此基础上，他进一步把状况解释为是特定时间内，作为呈现的事物"发生的场地"。[38] 根据巴迪欧的说法，有许多不同的状况，每一种都"承认它自己在产生效果的整体中的特殊执行者身份"[39]。巴迪欧用"执行者"来对状况"结构化"。正是状况的结构决定着事物如何成为产生效果的整体中的一员，因此，也决定着事物如何以多元的面目呈现：

> 当所有事物都在某种状况中成为产生效果的存在，这也就
> 意味着它以特定模式从属于状况，这种模式足以使状况被结构

> 化……我们一定不要忘记，任何状况都是结构化的。由于产生
> 效果的整体总是一种产物，多元存在的先在地位也是产物，它
> 只是在后来的理解中才被当作是整体的先行者。[40]

在 2006 年出版的《世界的逻辑》中，巴迪欧进一步阐述了"状况"这一概念，他开始使用"世界"来指代状况。[41] 正如存在多元的状况，同样也存在多元的世界，这些世界由它们特殊的结构来决定，在其中，众多产生效果的整体的产物却不接受它们对世界的从属。从我们论述的角度看，巴迪欧在《世界的逻辑》中的观念创新在于，他详尽地阐述了一个（给定的或局部的）世界结构的"先验"性。理解这一观念可以帮助我们进一步弄清楚他在理论上对阿尔都塞的借鉴，同时更好地了解他自己创立的唯物主义。

巴迪欧认为，"任何一个世界都包含一个先验的组织"，也可以用《存在与事件》中的术语把组织换成"结构"，但这种组织或结构却不能被混同于康德意义上的先验结构。康德的先验结构建立在存在于世界中的主体的构造上。[42] 而巴迪欧的结构却不同，对巴迪欧来说：

> 先验总是先于任何主体性构造的，因为它是所有已成状况
> 的重要给定因素……它是强加于任何条件下的多元性的逻辑约
> 束，也是所有多元事物呈现的规律，或者说是存在之所以存在
> 所依据的规则，依据这些规则，多元事物以相互依赖的关系进
> 入存在。[43]

正是由于先验把一种结构，或一种"逻辑"加之于大写的存在之上，各种小写的存在才进入存在并具有了各自的位置。对巴迪欧来说，这种先验是非唯心主义的物质结构，即使是我们人类也是借助它认识到自己与我们的世

界的。它之所以是物质的，因为它并非由意识强加于世界，相反，意识之所以产生，正是因为先验组织化和范畴化的方式，个体靠这些方式发现了他们自身。

回到世界（状况）这一概念上，巴迪欧认为，我们应该在"多元事物的局限性类比"的意义上来理解。"世界是一个非空之地，其中多元事物只是因为它们是产生效果的整体才得以被理解，而它们作为整体之所以能产生效果，是由于特殊的逻辑使运算（先验的）结构化了。先验的产生效果的整体呈现为不同多元事物的方式，也是使这些事物具有连续性外观的方式，这种方式就是不断地为呈现在世界中的相互关联的多元事物下定义，建立它们的自我认同。先验也是一个运算程序，这个程序给定了特殊事物之为特殊事物的方式，也给定了事物之间相互区别的方式，以使它们在一个既定世界中组合地存在（因此也是亮相）。巴迪欧论述道：

> 一种数学化的多元事物被一个状况性关系网（一个世界）所捕获，我们称之为"亮相"，由于被捕获，多元事物进入了存在，或者进入了世界中的状况性存在（生活世界）。可以说，在同一个世界中，一个状况中的存在或多或少区别于其他状况中的存在。我们把"先验"称为运算程序，这个程序允许我们理解一个被决定世界上的"或多或少"的相同与相异。[45]

因此可以说，一个既定世界的先验性就是一套运算规则，正如巴迪欧所说，这套规则"宣告"或者确定了多元存在之物的"相同与相异的程度"，通过这样的运行或运算，各种多元存在呈现出相互协调的外观。[46]

我们可能会问，一个大学是如何确定人与物作为其成员的呢？其方式就是通过界定不同个体之间的"相同与相异的程度"。不同的个体在大学结构中扮演不同的角色，例如，从最一般的范畴，如学生、院系、教员、教室、实验室、图书馆、学生宿舍等的界定，到最具体的相同与相异的范畴界定，如大学本科生和研究生的区别，院系中的级别（副教授、教授、助教，等等）区别，也就确定了大学这个整体及其不同组成部分。通过上述范畴的结构化方式，不同个体与事物的不同位置就在大学中被确定了，他们根据自身的不同位置融入大学中（也就是通过确定不同人与物"或多或少"地同一的这种操作程序），成为这个大学在外表上呈现的相互协调一致的成员。

多元事物之所以能在外观上被"固定"化为协调一致的存在，其关键因素是运算，或者说运算程序，它们界定了多元事物呈现的可能性。多元事物本身并不在决定自身之所以是自身的运算过程中，它们的出现只是运算过程的产物。因此，起决定作用的是运算程序，而这种运算程序具有非主体化的结构，它现身于界定了不同客体的关系中，由此也界定了一个既定世界中呈现的多元事物的存在。对于我们要讨论的唯物主义主题来说，巴迪欧的上述观点是重要的。

我们已经看到，一个"局部"世界，以及栖居于其中的客体（或者多元事物）是被它的先验性，或者说产生效果的结构决定的。先验结构规定了一套局部世界存在物的相同之处与相异之处，把它们构造为从属于局部世界的、在—这里的存在。正是通过这种方式，多元事物可辨析的一致性在世界上产生了。巴迪欧论述说：

　　因此，我们在何种意义上来称呼先验就清楚了，我们所说的先验使相同因素与相异因素以局部（或者说内在于世界的）演化的方式存在，赋予它们演化的动能。为理解作为奇点的"先验"，我们应该记住，在康德那里，它关涉的是一个可能性问题，但是这是有问题的，因为我们处理的只是局部事物的性质，

　　而不是普遍差异的理论。简单地说：*存在着许多不同的先验，内在于世界的差异性先验规则本身已经是被决定了的差异。这也就可以理解，为什么说康德的做法是越界的，因为他从一个整体先验组织的统一"中心"来阐明先验，而这是不可能的。*[47]

　　在我们上面所举的大学这个小世界的例子中，每一个个体之所以看起来是大学的成员，是因为他们服从于大学的运行程序，这个程序界定了教师等各种范畴，每个人都依照这些范畴定位自身，因此成为这个环境中的一员。这种情况适用于这个世界上的所有物体，以及所有的人。正如我们看到的，是由一系列操作程序所决定的结构或逻辑建构了人们可能生存于其中的诸多范畴（通过一个关联的差异化过程），人们依照范畴的界定呈现在这个世界上。个体人类在建构这种世界的过程中并没有发挥什么特殊作用。他所发挥的作用只是在被世界决定的意义上呈现在这个世界上。借助一套先验的指令程序，个体在一个确定的位置上生存。比如某个大学的普遍性先于"我"的到来，如果"我"来到大学并成为它的一员，那么"我"就得按照它的结构逻辑所规定的方式来行事。当然，如果"我"是融入大学中的一个成员，这并不是因为它规定了"我"的认同。"我"可以，而且事实上居住在多元的可能世界，正如其他"事物"一样。巴迪欧指出：

　　　　众所周知，一个存在者……可以出现在不同的世界中。认为既定的多元事物与既定的世界之间有一种固有的联系，这是荒唐的。一个正式存在的"世界性"，是它的在—那里，或者它的呈现，说到底也就是一种逻辑运行：是接近它的自我认同的逻辑保证。这种逻辑运行可以借助不同的方式，也可以适用于完全不同的世界，以这个世界为基础，从中可以产生更高层次上的运行。具体地说，人类只是多种不同的世界之一的动物性存在者。从认识论的角度看，我们甚至可以说，存在不是别的而仅仅是：在众多存在中的我们所承认的存在，其中包括多种不同的事物。[48]

　　巴迪欧把上述论点当作证明，进一步推论说，在一个产生出来的世界的先验结构中，人类没有能力作为"中心"。用阿尔都塞的询唤理论来说，"我"（人类）没有创造使他栖居于世界的范畴，"我"在世界中的生存恰恰是被范畴所规定的，"我"只是借助范畴才能以特定方式理解自身，"我"的理解方式已经为特定的逻辑所限定。进而言之，由于"我"是可被世界化（或可被质询）的多元化存在，"我"肯定就不是这一程序的制作者。"我"只是制作者通过不同方式、在不同时间和状况中（参见《存在与事件》中的说法）所借助的行动载体。因此，在"我"作为被特定物质的存在逻辑所规定的"世界化存在"中，"我"不是一个主体。"我"的"主体性"具有来源于世界的逻辑（及其关联性差异过程）的第二性特征和从属地位。这种观点是巴迪欧与阿尔都塞相区别的另一个地方。回到阿尔都塞的询唤理论，他认为，"我"通过服从于质询过程而成为一个主体，而巴迪欧则不愿意把被世界化的（或被质询的）人类称为一个"主体"。[49]

　　巴迪欧认为，因为被世界化，所以"我"的"世界化"自我是物质的，是一个"他者我"，或者一个"客体我"。说它是一个"他者我"，因为这个被"我"认同的"我"的含义不是由"我"或"我"的选择来决定的，而是由其他呈现给"我"的事物来决定的，这些事物以非我的形式存在，如物质世界，以及使它结构化的先验逻辑，它们规定了"我"选择的可能性、方式，以及适应方式。说它是一个"客体我"，因为"我"呈现在世界上（既呈现给"我"自己，也呈现给他者）的方式与所有其他事物的呈现方式相同，都不是由自"我"选择的，而是由产生效果的先验结构决定的，这个结构决定具体世界的世界性，而"我"在这个具体世界中发现我自己。换言之，"我"作为状况中的存在者（或者说被"世界化"的存在者）是这样一种存在者："我"的自我"认同"，"我"的自身是被"我"的存在所决定的，"我"的存在被与其他事物不同，但又与之相关联的多元事物所决定，而这些多元事物又被因程度不同而产生的更多的多元事物所决定，后者的决定者则是产生效果的结构化逻辑。如巴迪欧所指出的："……一个'真实的'存在是这样一种存在，它呈现在（一个世界的）某个部分，它的呈现即是它的多元认同，这些认同由理性本体论决定，这种本体论界定了它与其他不同事物在同一个世界相互区别的程度。"[50]

在巴迪欧的上述论述中，我们无疑处于阿尔都塞的反人道主义领域，但是他对社会存在的这种结构化理解又接近于列维－斯特劳斯和结构主义的理论。对这一阶段的巴迪欧来说，他要说明的是事物如何出现在一个既定的世界中，因此重要的不是事物本身（也不是在一个既定世界中以特定方式出现的人类的意识觉知），而是出现在世界的人与世界之间的关系，以及这些关系是如何被产生效果的逻辑或规律所决定的。从这个角度看，关于一个给定世界（或状况）的世界性，写作《世界的逻辑》的巴迪欧默许了一种准结构主义的叙述。我之所以称之为"准结构主义"，是因为对巴迪欧来说，决定性因素并非关系，因为关系只是事物在产生效果的存在中所呈现出的，只有在关系中，事物的存在才会产生出效果，或产生出规律。[51]在下一章，我们将对此展开论述，但我之所以在这里提及，是为了回应本章在这部分的论述之初提到的问题，即时间性的静态模式的界定问题。

世界是保证时间性静态模型发生的地方。这个世界中出现和呈现的任何事都处在属于它的位置上，这种位置也决定了事物在世界上存在的方式。就此而言，存在于一个既定的世界上是固定化的，也是相对静止的。我们可以再次运用我所举的大学的例子来理解这一点。与大学这个小世界所相应的范畴本身是相对静态的，当然，经过较长一段时间的话，大学的样式也会发生一些变化，但这种变化绝不会以激进和快速的方式出现。[52]多种不同的存在者可选择的据以存在的基本范畴并不是由这些存在者本身决定的，而是由决定着不同存在者之间的关系的其他范畴决定的，只有在其他范畴转换和变化的时候，存在者据以存在的基本范畴才能相应地发生变化（由于其他范畴的变化是一个缓慢和长期的过程，在巴迪欧看来，它似乎就是不变的）。这显然与巴迪欧在早期著作中所持的观点存在关联。回忆一下我们前面所探讨的，他在《主体理论》中提出，马克思主义对资本主义的定义，与其对产生于资本主义社会的工人阶级主体的定义之间存在似乎矛盾（但实际上是不清晰的）的关系。在这里，从基础性矛盾来定义的工人阶级主体相当于世界化的非主体，这个非主体只是在由世界赋予的逻辑支配下才具有改变的能力。然而，正如我们已经认识到的，这并非故事的全部：在"产生效果的整体"中的非主体潜能中，还有辩证的主体可能性，它具有改变世界的真实执行者的爆发性潜能。现在我想把目光稍作转移，简要探讨一下巴迪欧提出的另一种时间性模式：一个既定世界（以及它的附属性静态时间）让位于一种新存在的变化模式。

五

在前面的论述中，我们已经不止一次地遭遇巴迪欧的本体论，他认为世界的变化之所以是可能的，是因为存在从根本上不是封闭的。对巴迪欧来说，连续统的不可证明性（或者说，它被证明至少不能独立于一套原理）确保了他提出的本体论。霍华德用我们在上面提到的一句话来概括巴迪欧的本体论思想，即"本体论存在着一定程度的无序"[53]。这种思想与巴迪欧早期用毛泽东思想从内部批判阿尔都塞也是一致的，正如我们看到的，巴迪欧认为阿尔都塞没有充分意识到结构与主体之间的核心断裂。正是这种断裂，克服一个既定世界必然存在的静态和非变化的时间性才有了基础。我们在本章的开头提到，巴迪欧在他的后期著作中认为，在一个既定的世界，一个"事件"呈现于静态的时间模式中，正是在事件性时间中出现了些许的混乱，静态的时间性才得以被瓦解。然而，事件本身并没有揭示出非连续的多元事物（或自在的存在），因为自在的存在永远不可能被完全揭示，我们只能通过数学本体论的形式体系才能接近它。呈现在事件中的时刻是一个既定世界的"空虚"，一个既定的存在的某个碎片，这个碎片是"这个"虚无，因为它是被逻辑或结构所决定的，同样因为被逻辑和结构决定，它呈现为结构化的平凡的日常生活。而这个"空虚"转而又去动摇这个世界的逻辑和结构，因为它破坏了呈现在这个世界中的存在者之间的关系，展现出非封闭性的力量，继而展现出特殊事物的既定逻辑关系之必然性的缺陷。

为了理解上述内容，我们或许应该回到巴迪欧对存在呈现的状况性（在世界中）的思考上。具体地说，我们应该再次回头考察一下人在一个既定世界中的"在这里"意味着什么。正如我们已经认识到的，在一个既定的世界中，人的在—这里是由具体个人之间的关系，以及人与其他事物之间的关系来界定的，这些关系在产生效果的规律作用下形成一个关系整体。我们可以沿着巴迪欧的思路，把这种存在称为"作为他者的存在"。这意味着，世界化本身之所以获得它的这样或那样的自我，是有某些"其他"事物在它身上打下烙印（再一次地，相同与相异的差异在这里发挥着作用）。

无论如何，我们可以从巴迪欧这里总结出更多（而且也是重要的）内容。即在"我"被一个特定的逻辑或结构"世界化"的存在中，"我"是这样一种存在，其中"我"的出现或呈现（对"我"自己和他者）是分裂的。再一次地，我们看到毛泽东思想对巴迪欧的持续影响。不仅"我"成为一个上面描述的"非我"，而且"我"也成为某种"他物"，而不仅仅是一个被特定世界的逻辑结构所决定的"我"，或者说，"我"不仅仅是一个"我"在其中发现了"我"自己的特定世界规律的产物，不仅仅是"我"的自我经验所依赖的"我"：

> 思考一个具体存在出现在世界上的关键在于思考一个决定性因素，这个因素在同一时间里，一次性地既决定了这个具体存在的自我分化，使它成为一种在—这里的存在，而不是自在，同时也决定了在—这里的他与其他存在者之间的分化，或者说他与他者共享的世界的规律，同时又不会使自在的决定作用作废。[54]

虽然这个世界的规则定义了"我""在世界中"如何存在，但巴迪欧宣称，它并没有取消"自在"对"我"的规定，也没有取消"自在"对这个世界上其他存在者的规定。从具体个体的情况看，我们可以说（或者可以推测）作为自在的人应该不同于恰好出现在一个既定世界的人。回顾一下我们在前面所讨论的，根据巴迪欧的观点，人类在世界中的存在应该有许多不同的可能性。这一观点再次衬托出他的主张，即作为一个人，"我"在世界中的存在从根本上是分裂的。"我"在一个既定世界的自我认同由这个世界的规则所界定，但这并不是"我"的全部，"我"并不与这个定义协同（虽然在"我"自己和其他人看起来"我"是协同的）。事实上，"我"可以依据不同的先验性所允许"我"想象的，以其他不同的方式被世界化，尽管"我"现在没有能力去窥视这种未完成的其他可能性，因为它被从特定的先验逻辑中排除了。只能通过事件所开辟的空间，其他可能性才能向"我"呈现。

事件具有揭示功能，它向"我"显示出"我"对自我的认同（以及其他人对他们自己的认同）不是必然的，而是被产生之物，说到底是不固定的。这也就是说，事件揭示出先验的未完成性，以及被构造的世界并不是自在本身的展现，而是状况的虚无性的展现，或者说被世界化的"我"与作为存在的"我"的分裂之展现（通过事件，"我"能认识到世界化的"我"所经历的并非故事的全部）。事件让"我"认识到，"我"的存在要丰富于"我"在世界中展现出的存在。在事件的揭示过程中，"我"被允许一种新的可能性，这种可能性不仅不是现有的先验所规定的，而且是不再受这个先验所规定的。于是，通过事件，一种真实的主体创造获得存在权，那些拥有这种存在权的事件经历者成为变化的执行者，他们在对新可能性的信心中展开行动，通过行动终结既定的先验，这种先验曾经决定了他们的存在。

通过赋予主体一个新的、共享的、展现性的真理，事件揭示主体比主体更多，最终也揭示出这个主体以前没有认识到的主体局限性。被赋予的真理回溯地进入事件发生前的主体回忆中，并重塑了记忆中的经历，使这个主体开始把自己看作一直是这样的主体，一直是服从于这种普遍真理的。在本章的开篇，我们简要地描述了巴迪欧所举的关于事件性主体的例子，即圣－保罗这个事件主体。为了更深入地说明巴迪欧的思想，现在我想再介绍他所举的另一个相关例子，这个例子是关于法国大革命的。

正如巴迪欧所指出的，从历史状况的视角看，法国大革命有许多不同的、离散性的原因（而且也有众多的主角）："埃斯达特斯将军的选民、大恐慌中的农民、城市中的无裤党、议会成员、雅各宾俱乐部，等等"。然而，巴迪欧继续写道，"不同力量的离散有一个停止点，它就是**'革命是革命自身的中心'的过滤模型**，在这个模型中，革命事件起到鉴定模型所应有的过滤作用，把不同的分散点整合进一个共同的时代意识中"。这里的重点是：像圣－保罗的例子一样，法国大革命之所以成为事件，是因为大革命之前存在的个体（如埃斯达特斯将军的选民、雅各宾俱乐部的成员、议会成员等）主角之间的区别都被这"同一个"事件，即大革命所"过滤"。参与革命的不同阶层开始共享"革命"这一词语，因此，事件揭示出一个原来并没有呈现的共同真理。巴迪欧继续论述道，"在 1789—1790 年的法国大革命中，农民当然是出场了的，但这些农民并非大恐慌中攻占巴士底狱的农民，在事件发生后出场的农民已经被事件所改变了。"[7]他们成为革命的农民。这种情形并非只发生在农民身上，而且也发生在处于革命历史时刻的所有不同阶层的人群身上（雅各宾俱乐部成员、议会成员等），他们原先的生存意义被革命这个"普遍的"范畴，或者说被真理所过滤而予以清除。正是通过革命范畴的回溯性过滤，每个个体开始用不同的方式理解他自己，把自己当作一直是这个普遍的"革命"阶级中的一员。

根据巴迪欧的分析，人们通过法国大革命获得了政治活动的成果，正是这种方式表明了存在于"事件"（这里指法国大革命）中的、与现存状况（或世界）的"断裂"，这种断裂相当于一种制造真理的场所。在其含义中，或者说，在那些参与其中的不同人群中的询唤中，一种与以前不同的"新"真理也可以拥有一种"普遍"的地位，不管人们看起来多么不同，他们对此的认识是相同的。这就更进一步地为个体成为新的普遍真理的主体开辟了道路，他们在事件中发现了这一真理，而且忠实地执行这一真理，最终他们也就发展成为反对事件发生之前的、静态的世界的革命载体。现在我们已经很好地把握巴迪欧对停滞与变化，或者用约翰斯顿的说法，对我们世界的"两种时间性"的理解，我们可以转向下一章，去更深地探讨一下巴迪欧对阿尔都塞理论存在的某些问题的解决路径，并且评估一下他对阿尔都塞的修正是否成功。

本章注释

1. 参见 Peter Hallward, *Badiou: A Subject to Truth* (Minneapolis and London: University of Minnesota Press, 2003), Jason Barker, *Alain Badiou: A Critical*

Introduction (London: Pluto Press, 2002) and Adrian Johnston, *Žižek's Ontology: A Transcendental Materialist Theory of Subjectivity* (Evanston: Northwestern University Press, 2008). 所有这些著作都在阿尔都塞与其他学者关系的讨论上有所贡献。

2. Adrian Johnston, *Badiou, Žižek, and Political Transformations: The Cadence of Change* (Evanston: Northwestern University Press, 2009).

3. Alain Badiou, *Being and Event*, translated by Oliver Feltham (New York and London: Continuum, 2005).

4. Alain Badiou, *Saint Paul*, translated by Ray Brassier (Stanford: Stanford University Press, 2003), 57.

5. Badiou, *Ethics: An Essay on the Understanding of Evil*, translated by Peter Hallward (New York and London: Verso, 2001), 51.

6. 布鲁诺·波斯提尔斯走得如此之远，以至于他提出，阿尔都塞关于偶然的理论受到了巴迪欧的影响，巴迪欧对变化之可能性的洞察启发了阿尔都塞。See Bruno Bosteels and Alain Badiou, "Can Change Be Thought? A Dialogue with Alain Badiou" in *Alain Badiou: Philosophy and Its Conditions*, edited by Gabriel Riera (New York: SUNY Press, 2005), 237–262. 巴迪欧否认了这种说法，而且我认为在这方面得出直接影响的结论也是不可能的，尤其是阿尔都塞已经不在，我们无法向他本人询问的情况下。在这里，我更愿意只是提出理论上已经存在的共识。

7. Badiou, "The (Re)commencement of Dialectical Materialism" in *The Adventure of French Philosophy*, edited and translated by Bruno Bosteels (New York and London: Verso, 2012), 140.

8. 同上，143 页。在这里我们可以看出与第一章论点的关联：辩证唯物主义是一种哲学，它允许我们洞悉法国共产党的李森科科学观的本质。

9. Ibid., 142.

10. Ibid., 144–145.

11. Ibid., 142.

12. Ibid., 146.

13. Ibid., 148–149.

14. Bruno Bosteels, *Badiou and Politics* (Durham and London: Duke University Press, 2011), 54.

15. "科学与意识形态之间存在差别的矛盾发展过程，总是被打上错误脱离和生硬取代的烙印，就像唯物主义与意识形态之间存在的情况一样，这一点对于重构阿尔都塞的哲学是至关重要的。在差别方面，我还想再增加一些例子，如巴迪欧主体理论中的真理与知识之间的差别，或者真实事件与对事件的哲学和理论表述之间的差别。"同上，55 页。

16. Badiou, *Theory of Contradiction* (France: Maspero, 1975), 60–61.

17. Colin Wright, *Badiou in Jamaica* (Victoria: re.press, 2013), 38.

18. Badiou, *Theory of Contradiction*, 60, 65. Quoted in Wright, *Badiou in Jamaica*, 38.

19. Wright, *Badiou in Jamaica*, 36.

20. Mao Zedong, "On Contradiction" in *On Practice and Contradiction*, edited by Slavoj Žižek (New York and London: Verso, 2007), 72, my emphasis.

21. Badiou, *Theory of the Subject*, translated by Bruno Bosteels (New York: Continuum, 2009), 26.

22. Karl Marx and Fredrick Engels, *The Communist Manifesto* in *Karl Marx: Selected Writings 2nd Edition*, edited by David McLellan (Oxford: Oxford University Press, 2006), 245–271.

23. Badiou, *Theory of the Subject*, 26.

24. Ibid., 26–27.

25. See Marx and Engels, *Manifesto* in McLellan, 250.

26. Badiou, *Theory of the Subject*, 27.

27. Badiou, *Being and Event*, 23–30.

28. Ibid., 24.

29. Ibid.

30. Georg Cantor quoted in Michael Hallet, *Cantorian Set Theory and the Limitation of Size: Oxford Logic Guides 10* (New York and Oxford: Oxford University Press, 1984), 41.

31. Peter Hallward, *Badiou: A Subject to Truth* (Minneapolis: University of Minnesota Press, 2003), 69.

32. For Badiou's own discussion of Cohen's proof, see, Alain Badiou, *Number and Numbers*, translated by Robin Mackay (Cambridge and Malden: Polity Press, 2008).

33. Badiou, *Being and Event*, 34.

34. Ibid., 53.

35. Ibid., 55.

36. Sam Gillespie, "Placing the Void: Badiou on Spinoza" in *Angelaki*, Vol. 6, No. 3 (2001), 63 77.

37. Ibid., see especially Gillespie's discussion of this point on page 64.

38. Badiou, *Being and Event*, 24.

39. Ibid.

40. Ibid.

41. Badiou, *Logics of Worlds*, translated by Alberto Toscano (New York and London: Continuum, 2009), 99. Here he explicitly states that he is replacing

the term 'situation' with the term 'world'. Henceforth I will use the terms interchangeably.

42. Ibid.

43. Ibid., 101.

44. Ibid., 102.

45. Ibid., 118.

46. Ibid.

47. Ibid., 120.

48. Ibid., 114.

49. I will discuss this at length in the next chapter.

50. Badiou, *Logics of Worlds*, 145.

51. 同上，328 页。在这里，巴迪欧写道："在表面的秩序中，关系是从属于这个关联术语的，它没有创造能力。"

52. 在这一点上，我们需要花些时间来理解。需要指出的是，在《世界的逻辑》中，巴迪欧所详细论述的变化发生在一个既定的世界中，尤其是在第 358—360 页，他认为，某些"变化"本身是从一个既定世界的超验性中产生的，因为，处于既定世界中的当代存在确实表现为变化。但正如巴迪欧所指出的，"只要超验的规律仍然是同一个，它产生影响同样的因素可观变量也当然是可能的……然而，这些变量不是别的，只不过是表面上的内在运动，它们的可能性程度与广度是被超验性所规定的。"同上，359 页。

53. 参见本章第 85—86 页。

54. Badiou, *Logics of Worlds*, 117.

55. Badiou, *Being and Event*, 180.

56. Ibid.

57. Ibid.

参考书目

Badiou, Alain. *Being and Event*. Translated by Oliver Feltham. New York and London: Continuum, 2005.

———. *Ethics: An Essay on the Understanding of Evil*. Translated by Peter Hallward. New York and London: Verso, 2001.

———. *Logics of Worlds*. Translated by Alberto Toscano. New York and London: Continuum, 2009.

———. *Number and Numbers*. Translated by Robin Mackay. Cambridge and Malden: Polity Press, 2008.

———. "The (Re)commencement of Dialectical Materialism" in *The Adventure of French Philosophy*. Edited and translated by Bruno Bosteels. New York and London: Verso, 2012. 133–170.

———. *Saint Paul*. Translated by Ray Brassier. Stanford: Stanford University Press, 2003.

———. *Theory of Contradiction*. France: Maspero, 1975.

———. *Theory of the Subject*. Translated by Bruno Bosteels. New York and London: Continuum, 2009.

Barker, Jason. *Alain Badiou: A Critical Introduction*. London: Pluto Press, 2002. Bosteels, Bruno. *Badiou and Politics*. Durham and London: Duke University Press, 2011.

——— and Alain Badiou. "Can Change Be Thought? A Dialogue with Alain Badiou" in *Alain Badiou: Philosophy and Its Conditions*. Edited by Gabriel Riera. New York: SUNY Press, 2005. 237–260.

Gillespie, Sam. "Placing the Void: Badiou on Spinoza" in *Angelaki*. Vol. 6,

No. 3 (2001). 63–77.

Hallet, Michael. *Cantorian Set Theory and the Limitation of Size: Oxford Logic Guides 10*. New York and Oxford: Oxford University Press, 1984.

Hallward, Peter. *Badiou: A Subject to Truth*. Minneapolis and London: University of Minnesota Press, 2003.

Johnston, Adrian. *Badiou Žižek and Political Transformations: The Cadence of Change*. Evanston: Northwestern University Press, 2009.

―――. *Žižek's Ontology: A Transcendental Materialist Theory of Subjectivity*. Evanston: Northwestern University Press, 2008.

McLellan, David Ed. *Karl Marx: Selected Writings 2nd Edition*. Oxford: Oxford University Press, 2006.

Wright, Colin. *Badiou in Jamaica*. Victoria: re.press, 2013.

Zedong. Mao. "On Contradiction" in *On Practice and Contradiction*. Edited by Slavoj Žižek. New York and London: Verso, 2007. 67–102.

第四章　作为结构主义者或形式唯心主义者的巴迪欧

　　我们已经认识到，在某种程度上，年轻的巴迪欧在理论上区别于阿尔都塞，因为通过阅读毛泽东的著作，他提出自己的见解，认为阿尔都塞的询唤主体应该被看作是分裂的主体。在被一套既定的背景装置所质询的时候，这个主体就已经分裂了，然而，在它身处其中的存在中，分裂后的主体也会对这一存在结构施加影响，无论这种影响多么微弱。我们也同样认识到，同一时期的巴迪欧开始从阿尔都塞的主体之为主体的理论中脱离，转向自己关于主体的思考，他认为阿尔都塞的主体只是单纯的个体，真正的"主体"应该专门指那些不仅具有影响存在的潜能，而且切实能在事件带来的主体化过程中改变存在的个体。说到这里，我们可以举一个相关的例子，在 1975 年出版的《主体理论》中，巴迪欧声称"任何主体都是政治的，这也就是为什么没有单纯的主体，也没有单纯的政治的原因"[1]。

　　当然，巴迪欧的上述主体概念在当时并未得到充分发展，直到今日，他关于主体的理论才逐渐成熟。只有认识到这种理论发展过程的长期曲线，我们才能更好地理解巴迪欧在回应阿尔都塞理论方面的转变，才能更有成效地认识到巴迪欧的后期观点，以及这种观点与他早期著作的联系。巴迪欧前后期理论观点的联系也表述在一次最近的采访中，巴迪欧在与采访者布鲁诺·波斯提尔斯的对话中指出，他生命过程中的大部分作品都是一种统一的努力，这种努力就是要把相互分裂的阿尔都塞的反人道主义与萨特的主体自由理论结合起来。在非常重要的意义上，阿尔都塞的反人道主义与萨特的主体自由理论是两个对立的极，巴迪欧的整体理论大厦正是围绕着这两极而建立的。正如巴迪欧在采访中所说的：

> 从 1968 年到 1972 年，那些知识分子中的好战者们几乎普遍信奉过阿尔都塞、拉康、毛泽东等人的思想，这是一个通常的轨迹，我头脑中能够想到的这些人都比我年轻一些。这意味着什么？这意味着他们没有时间成为萨特主义者……我在萨特的实践自由理论中，尤其是在他试图建构的主体化的马克思主义中，发现了某些可以用来思考我自己的政治观念的东西，尽管一切都处在状况中。但这并没有阻止我与萨特保持距离，也没有阻止我融入我那一代人的思想，我们确实已经开始对结构主义的问题产生了很大兴趣。然而，最终我站在萨特的立场参与了结构主义与人道主义的争论……这表明，尽管困难重重，我始终优先关注主体问题，希望在对结构主义的思考中，探明在最严格的决定论条件下，为什么某种东西可以一直被称为"主体"。[2]

巴迪欧认为，阿尔都塞（以及结构主义）的思想中包含正确因素（即存在一个不可抗拒地决定着我们的既定背景或者说世界，我们只是因为处于其中才发现了我们自己，才获得了附属于这个世界的自我认同），同时也存在需要克服的问题［即在这种决定性结构中，人处于无能状态，对（根本性的或革命性的）变革所需要的理解力和动力丧失了］，为了既保留结构主义的合理因素，又克服它存在的问题，巴迪欧试图把结构主义与人道主义统一起来。因此，他对事件和停滞与变化两种时间性存在进行了理论化。

一

　　正如我们在上一章中详细了解的，在巴迪欧的后期著作中，静态的时间性存在类似于阿尔都塞／结构主义理论中的系列性"世界"或"状况"，它们呈现为去主体化的、完全决定论的客观性整体。由于被决定着既定世界／状况的结构或先验逻辑所束缚，任何事物都是身处其中的"客体"，遵循着与其他事物相同或相异的关系建构规则，好像处于一个只属于它的位置。然而，巴迪欧不辞辛苦地论辩说，上述静态的时间性存在闭锁了打破它的可能性，这种可能性以"虚无"或"空虚"的形式存在，但却是完全肯定性的，只是它被从当前既定的世界中排除，或者说遮蔽了。因为，正如我们已经看到的，对巴迪欧来说，"一是无"，看似不变的存在是在一个既定世界中产生效果的程序运作的结果，总是有些事物并未被这一程序带到存在中，因此被带到世界的存在只是从真正的整体中减去的东西（以客体化的形式）。正因为如此，对巴迪欧来说，通过与之相关的事件性时刻，打破静态时间性存在的变化成为可能。

　　事件向那些有认识能力的人显示出，被既定世界（这个世界的空虚）遮蔽的"非整体"是存在的。这种启示如果被恰当地体验（如果成为一个事件），就能显示出先验逻辑或产生效果的程序并不是全部，它们只是被客体与自我认同的表象所暂时地决定的，并不是必然的，也不是整体的。换言之，事件揭示出这一事实，即世界的逻辑只是暂时的，它不能代表全部的存在。这也就为一种可能性开辟出空间，那些经验事件的人把逻辑从制造了他们的世界中分离出来，并一道地驱逐了一套相同与相异的规定性，他们一开始就是依靠这些规定来获得认识的。正是从这里诞生出的事件执行者成为巴迪欧寄希望的"主体"：正如我们已经论述的，那些在阿尔都塞的术语中被称为被事件"询唤"的人，为了变革世界这一共同目标成为结合在一起的存在者，他们去改变现在的存在网络，去建设一个他们自己也不完全知道是什么样的新世界。

上述论述的重点在于表明（正如我们在第三章开始所指出的），不仅事件本身对理论的转变来说是重要的因素，而且那些被事件主体化的人也是这一转变过程的重要因素。事件的发生当然不可或缺，但要使变革过程得以发生，被事件主体化的人的能力，以及这些人对其所领悟到的事件的"真理"的奉献，同样必不可少。因此，人类一定要成为这样的人，他有能力被事件主体化，也就是说，他必须有能力从他原来的自我认同中摆脱出来，这种认同是他在这个世界中首次发现自身的产物。对阿尔都塞（以及对结构主义）来说，我们是这样一种存在，我们的"自我"也是随着机构与实践的转变和变化而改变的，这些实践从不同的路径，用不同的方式询唤我们（换言之，我们是本性并未固定地存在）。但也正如巴迪欧所指出的，阿尔都塞的理论没有为自由留下空间，个体与事物始终被束缚于社会背景及其决定方式中，而从束缚中获得自由正是巴迪欧所寻觅的。

正如我们通过本书的第一章与第二章看到的，从阿尔都塞的理论阐述看，人类总是被他们参与其中的意识形态所捕获、所构造。这些意识形态，虽然在某种程度上正是从人类活动中产生并靠这些活动得以维持的，但它们从来不曾被人类所拥有和控制。再一次地，对阿尔都塞来说，主体在作茧自缚的结构中（他们从来没有去反抗它）建立起自我认同。意识形态正是规定和控制主体的思想与行为的东西。尽管阿尔都塞作出了巨大的努力，让意识形态（客观的、必然的、决定论的）与科学（把意识形态当作历史的和非必然的）之间保持距离，但这种区分却陷入崩溃，因为他认为意识形态及其运行具有狡诈的本性，人类是没有希望摆脱它们的（即使"科学"也很快就会被意识形态所传染，以至于科学与意识形态之间的区别缩小到一个微小的点，要维持两者之间的区别是困难的，因此所有的事物都将被意识形态所沾染）。让我们再次回顾一下阿尔都塞在这方面的论述（第二章的结尾引述过）：

> 我们知道，在整个历史过程中，并不存在纯粹的理论实践，也不存在完美的透明的科学，因为科学永远处于意识形态的酱缸中，也就是说，它永远被意识形态所包围，它并没有获得恩宠；我们知道，"纯粹"科学只存在于这样一种情况下，即它不断地把自己从占据它、捕获它、为它设下埋伏的意识形态中解放出来。这种提升和解放自身的不可避免的代价是同意识形态的持续斗争，即，反对唯心主义……[3]

前面我们已经讲过，在巴迪欧的早期著作中，他是通过科学与意识形态之间的界限"不清晰"来阐述以上观点的，但随着思想的发展，他对这种答案不再满意。这也就是为什么让 - 保罗·萨特（Jean-Pawl Sartre）关于主体自由的理论对巴迪欧来说是重要的。正如尼娜·鲍尔（Nina Power）所说，我们可以通过萨特在《辩证理论批判》中提出的融合集体这一概念来理解这一点。[4]鲍尔借助萨特首次提出的这种理性概念，对巴迪欧与萨特的思想关联进行了解释。鲍尔指出，萨特在"社会群体"式存在与"融合集体"（从外部决定因素中解决出来的自主集体，其自主是从康德意义上来讲的）式存在之间作出区别，巴迪欧则在世界的产生效果的整体中的非主体与被事件所唤醒的改变的执行主体之间作出区别，两者之间有匹配之处。她解释说，对萨特来说，"社会群体""总是处在命令与对抗的一边，资本主义原子式存在由此构成，这种存在是惰性的、系列性的"，而"融合集体"则是从"去异化"过程中产生的，它的成员来自那些构成了原来"集体"的个体，这些个体又构成个体化的社会系列，它们规定了集体成员的存在。[5] 换言之，对萨特来说，融合集体打破了社会的被决定的性质，或者说与被决定的社会相分裂，这就使它进入一种政治主体状态，有能力对世界施加影响（虽然只是在萨特对事物的简要论述上）。萨特以一群等待乘车的人所组成的群体为例，说明被"系列"决定的社会的性质，它与"融合集体"的性质是不同的。萨特写道：

> 刚开始的时候，我们关注到的只是孤独的人群：人们彼此互不关心、也不交流，一般来说，他们也不会看其他人，他们只是一个挨一个地站在站台上。在这个层次上，值得注意的是，他们的孤立状态并不是惰性的状态（或者有机体简单的相互外部性），事实上，它是每个人处于消极结构中的生活项目。换一种说法，有机体的这种孤立状态，是一种在一个生物性的整体中与其他人统一的不可能性，它是通过每个人的孤独，通过这些人与他者的相互关系的临时否定而被揭示出来的。[6]

对萨特来说，我们体验到的与其他人的关系是被个体之间系列化的孤立所过滤的。正是这种系列化使世界成为这样一种我们生存于其中的结构，这一结构规定了我们每个人平凡的日常生活，在其中，我们形成了自我意识，也对抗着个体间的任何统一。进一步地说，我们也对抗着自我存在的许多其他可能性，我们无法成为真正的主体，因为在一个既定的社会，个体间系列化的孤立是我们身处其中的结构的产物，我们通过这一结构形成了自我认同，我们孤立的存在状态对这种结构起到支撑作用。萨特指出，只要我们停留在这种系列的状态，我们在它面前就是无能的。[7]但无论如何，统一还是能发生的。对萨特来说，统一的团结来自实践。当我们追求一个共同的目的，或者一个共同的事业的时候，我们会发现自己从系列性的领域中脱离，与其他人"融合"为统一体。[8]在这样的统一体中，我们成为自主的存在，因为我们从个体化的系列生存中提取出来，进入由"融合集体"产生出的集体团结中。而个体化的系列生存规定了我们的社会，我们则在被规定的社会中形成了我们旧的自我认同。

在对萨特融合集体的概念所作的解释中，鲍尔认为，正如巴迪欧的主体概念，（这对非个体化也是非常重要的），对萨特来说，"融合集体也并不是'回转'到某些前定的本质中，不是作为一个简单的对异化的再解读所认为的非异化"，而且，"融合集体正如萨特所描述的，同样包含一种内在的反对—有机主义，作为统一起集体不同成员的事业不能被看作来自外部（同样也不能被看作来自一个作为从整体上加以理解的集体）"[9]。这也意味着，把群体连结为统一体的只是集体本身的活动，以及那些参与其中的人们的体验；外部观察者不能识别出这一群体是融合集体，因为如果区别于其他集体，这些集体中的个体仍然停留在被系列决定的状态，因此，融合集体的外部标志是不存在的。

萨特的融合集体产生于既定社会背景（也与该社会对立），根据鲍尔的解读，萨特对融合集体所作的理论阐明既是唯物主义的（因为这种集体是并且只是存在的产物。如它并不事先规定它的产物将如何发展），也是反人道主义的（因为它并不是先验本质的现实化）。但是，与此同时，萨特的理论又是一种人道主义理论，原因正如鲍尔所指出的，只有在萨特所说的融合集体中行动的人们的决定和承诺，才是支撑集体本身的力量。因此，她给萨特的融合集体（正确地）起了一个别名，叫作"反人道主义的人道主义，它的关注点是主体，而不是理想主义或者回归人类的本性"[10]。

二

在巴迪欧建构自己的主体理论的过程中，萨特主体理论中的"反人道主义的人道主义"充当了一个模型，巴迪欧将萨特的主体当作被事件所唤醒的反抗现实的力量。萨特理论中被融合集体所发动的变革，被巴迪欧用来反抗系列化社会存在，这就使他能够为根本性社会变革找到可能性，而阿尔都塞的结构主义却没有这种可能性。另一方面，在巴迪欧这样做的时候，他同时也可以保留阿尔都塞理论中的大部分内容。巴迪欧曾认为，在反人道主义与人道主义之间存在一种"不清晰"的界限。在这里，我们再次看到，他的这种观念仍然在发挥作用。

由于主体是从（意识形态）世界／状况中抽离出来的事件的执行者，他脱离了旧的自我认同，因此具有改变现实的力量。然而，在巴迪欧看来，这种主体仍然完全是被事件的发生所束缚的，他无法脱离事件而具有能动性。也就是说，虽然这种主体获得了一定的自主性，但他只是从既定的世界逻辑中获得的。这种巴迪欧意义上的主体仍然被他的行为与存在所决定：只不过这种决定来自他对事件的认可，以及他对事件在他身上所激发的信心。因此，巴迪欧意义上的主体以一种非常重要的方式，停留在典型的结构主义内，它是完全唯物主义地产生的主体，尽管这种主体的自我认同决定于它与一种转瞬即逝的变革的关系，而不是决定于结构或世界。关于巴迪欧的唯物主义存在问题，我们现在可以探讨一下，弄清楚为什么说它存在问题。正如我们将会看到的，巴迪欧对世界本性及其先验逻辑的阐述，以及他借助结构主义化的萨特主义对变革的阐述，使他的理论危险地接近于一种结构主义的唯心主义，这种唯心主义正是阿尔都塞小心翼翼地加以避免的。

为进一步说明巴迪欧的主体所具有的结构主义性质，我们首先回顾一下本章开头那段很长的引文，在那段引文中，巴迪欧自己指出了他理论事业的结构主义性质。他声称他感兴趣的是，在一个完全的结构主义框架下，"什么东西能被称为主体"[11]。更进一步地，在《世界的逻辑》中，巴迪欧表达了他对德勒兹（Deleuze）看法的认同，德勒兹既接受了萨特融合集体概念中蕴含的"非人格的先验领域"，又对萨特主体概念提出了批判。巴迪欧在赞同德勒兹时写道：

> 由于萨特始终把非人格领域束缚在自我意识中，因此他对自己观念的所有结果一直没有进行透彻地思考……他没有给主体接触完全的外部世界以机会。接触外部世界的一个名称即"事件"。这也就是为什么，事件作为一种思想力量所奉献的东西，或者说作为其他事物从中获得力量的东西，在萨特之后成为一个大多数当代哲学家的共用词语。[12]

换言之，用鲍尔的术语来说，萨特仍然保持着对"去异化"的信奉。"去异化"是被与他者共在的经验所激发的，在去异化状态中，一个人发现自己被编织进非人格的"我们"中，与"我"的系列化存在相对立。但对萨特来说，这种激发，来自与他者共在本身，而不是来自任何物质的东西，或者像巴迪欧所理解的外在于意识的物质。因此，对萨特来说，（萨特的/巴迪欧的）主体虽然是物质地产生于存在的，但它的这种产生只是在他者（其他意识）眼中产生自我认同的结果。萨特在对融合集体的描述中明确地阐明了上述观点。他从巴黎人民攻占巴士底狱的事件中看到了融合集体的构成："每个人都持续地从他者的眼中看到自己，**但是他看到的是作为自己的他**，这也就是说，在巴士底狱事件中，犯人群体作为一个整体在他身上显现出来，通过可能杀死他的马刀，或者可能打死他的来复枪，他看到他自己是这个集体中的一员。"[13]

正如德勒兹所指出的，萨特的"非人格领域"是在一个具有镜像效果的参照系中构成的，在这个参照系中，每个个人都从他或她自己的"人格"中脱离出来，不是通过这个人格而是从他者中认识自身，因此这个集体的统一意识仿佛是从参与其中的个体意识中流散出来的。我们上面已经指出，对萨特来说，"非人格领域"完全是在意识的唯一参照系中建立的。巴迪欧指责萨特，认为他在这方面没有想清楚，统一的意识经验本身不是独立的，而是有其来源的，没有这种来源作为基础，意识经验不会产生。在巴迪欧（也包括德勒兹）看来，如果萨特认识到这一点，他的分析就会触及事情的实质。然而，要触及实质，人们就需要接受阿尔都塞和结构主义所提供的反人道主义理论。人们需要超越意识领域去思考问题，思考建构了系列化多元个体意识的条件，思考融合集体中"非人格"的统一、像执行者一样的主体的基础。因此，虽然萨特的主体在某种意义上是唯物的，它毕竟是产生于存在的（如鲍尔所指出的），但它并不是唯物主义的，因为如果它是唯物主义的，它的存在条件就是由非意识的东西所决定的，是由询唤主体的物质"事件"所决定的，后者正是巴迪欧所说的真正唯物主义的标志。也就是说，在萨特看来，"事件"是统一的结果，而这种统一是融合集体（例如攻占巴士底狱中的群体）把不同的个体意识融合进一种足以影响事件的统一意识中；而在巴迪欧看来，"事件不能产生于身体的激情，也不是与身体的行动和激情不同的东西。相反，能够开辟新天地的活动主体**是事件的一种效果**"[14]。可以说，"活动主体"是事件的**结构性效果**，而不是它的决定因素。我们还可以用另一种方式来解释这一观点，对巴迪欧来说，事件是物质现象，是使主体产生效果的隐藏程序，也是在后来重新定位一个既定世界的持续的多元存在的程序，镜像地映射出这个世界拥有的新意识。

在对巴迪欧的批判思想做进一步论述之前，我们需要特别注意一点，那就是在某种程度上，巴迪欧对萨特理论的创新与他对阿尔都塞和毛泽东思想的阅读息息相关（我已经就此进行了详细的阐述），但同时，如我们将要看到的，巴迪欧对萨特思想的批判也来自拉康对他的影响。同样是在最近的一次采访中，巴迪欧在描述自己这方面的思想历程时，较为中肯地指出：

> 在20世纪60年代早期……如我所说的，我是一个保守的萨特主义者。但是在阿尔都塞的帮助下，这一时期是我与现象学脱离的时期。为什么这是一种不可避免的告别？自从胡塞尔创建现象学以来，现象学关于主体的思想退回到了一种意识哲学中。这种主体与意识相混同，也与发生于我身上的透明的理解相混同。[15]

从我们已经进行的论述中，我们自然可以从萨特的理论中看出巴迪欧所说（以及巴迪欧自己提出的批判）。在这个访谈中，巴迪欧继续说道：

> 为了使思想获得提升，获得一个革命性的解放，使之建立在科学基础上（这是这个时代我们共同的事业），我们必须把我们自己从主体的现象学模式中抽离出来……为了与现象学分离，我们可以依靠人文科学、科学的客观性，以及逻辑—数学的形式体系。在反抗现象学的过程中，结构主义提供了一个救生索……在阿尔都塞批判术语所说的"理论化的反人道主义"，以及福柯所说的"人的死亡"中，结构主义星丛发现了成就自己的东西。[16]

再一次地，我们从巴迪欧的论述中遇到了或多或少熟悉的观念。正如我在上文中说过的，虽然巴迪欧拒绝意识化的自由主体，但他没想远离这个主体，远到像福柯和阿尔都塞那样，声称要对主体彻底镇压，而且，通过拉康，巴迪欧找到了一条最终统一起这些不同传统的路径：

> 拉康……没有极端化地成为坚定的结构主义者……没有认为主体这一概念只是失灵的形而上学的化身。因为对他来说，主体仍然处于客观、冷静的经验事物的核心。因此，拉康把主体从结构主义的全方位攻击下解救出来。"他的"主体无疑受制于符号链条；出于某种原因，他与自身分裂，把自身呈现给一个根本的异在状态（拉康称之为他者的话语）。但对这个主体而言，他的内在是一致的，而这种一致性对于提出一个主体理论来说，也是必不可少的。[17]

对于拉康和巴迪欧与拉康的关系（与齐泽克相对），我将在下一章更详细地论述，但现在，我们只要了解到巴迪欧所说的，拉康的理论最终可以在阿尔都塞和"结构主义"的完全服从的主体观与萨特和现象学的／存在主义的自由主体之间充当桥梁，这就使他既能够重建自由主体观，又能够保留阿尔都塞反主体理论的重要洞见。简要地说（稍后我们也将在本书后面章节进行更加详细的探讨），巴迪欧在这里的想法是，既然拉康的符号学理论是个体产生意识首先要借助的理论，而符号本身又是一种产生的现象，且被束缚于既定的历史性背景，同样重要的是，它又是充满着未完成性和流动性的，那么，借助符号的未完成性和流动性，个体就可以从现存秩序中脱离，并打破这种秩序。在他的早期著作中，我们可以看出，在巴迪欧看来，毛泽东辩证法一分为二的观点，就是辩证法既有结构的一面，又有主体的一面。[18]无论如何，这里仍然存在问题，这也是我现在想要探讨的，且这一问题即使在成熟期的巴迪欧的思想中也同样存在着。接下来，我们就对这一问题，以及巴迪欧成熟思想中的并不那么唯物主义的观点加以讨论。

三

让我们回顾一下第二章中的相关内容，即阿尔都塞对列维－斯特劳斯式的结构主义的批判。在这部分内容中，阿尔都塞主要想说明的是，一旦忘记了自己的理论与理论得以从中产生的特殊历史时刻之间的关联，列维－斯特劳斯和他的追随者们也就成了"传统哲学家"（即唯心主义者）。也就是说，结构主义者们忘记了理论得以产生的自然背景这一基础，开始把结构主义当作非历史的、关于社会组织的科学"真理"，一旦他们这样做了，他们就犯了意识形态（或者唯心主义）的错误，把一种抽象的主体性加之于结构本身。这种情况我们在第二章的开头，论述阿尔都塞相关理论时已经指出过，它当然是一种理论的持续不清晰呈现的危险结果。值得注意的是，同样的呈现性问题也出现于巴迪欧的理论建构中，在《存在与事件》以及后来的著作中都有所表现，我们可以看到，阿尔都塞批判传统结构主义者时所指出的问题，同样也困扰着巴迪欧（虽然在不同的规模上）。正是这一问题使巴迪欧远离了一种彻底的唯物主义。

当然，关于巴迪欧思想中的上述问题，我并不是第一个指出的人，而我也希望首先介绍两个其他版本的相关论述，然后再开始对我自己的另外想法进行阐述，来了解巴迪欧思想中唯心主义表述的危险性。迄今为止，我们已经谈论了巴迪欧关于时间性的两种相关模式：停滞与变化。但还有其他方式来思考这一主题。我们可以沿用彼得·奥斯本（Peter Osborne）的思路，把我们对巴迪欧的时间性的理解转换为结构主义的术语：共时性与历时性。[19]奥斯本写道，对巴迪欧来说：

> 时间被简化为两个维度——共时性的与历时性的，而历时性时间只不过是共时性地定义了的状况的一系列秩序。各种状况被认为是"历史的"，其中存在着"至少一个事件的位置"……但是这些状况并不存在统一性，不存在"事件性状况"，也就没有历史。[20]

巴迪欧的本体论是非历史的，因为一方面，它关注的是揭示客体之间秩序性关联的形式的或共时的性质，这些客体存在于构成客体世界"结构"的既定世界/状况中。另一方面，巴迪欧的本体论又是关注于历史的（历时性的），因为它试图把这些世界理论化，在这些世界中，事件从中产生，由事件制造的主体的性质也从中产生，但正如奥斯本在上面所指出的，由于并不存在"事件的"事件，被巴迪欧理论化的事件只是在一般的共时性秩序世界中出现又快速消退的事物，历史也只是非历史的历史，（数学化地）结构的世界被打上了偶然"事件"的烙印，也被打上了被事件唤醒的主体的烙印，因此，对世界的结构进行理论化是哲学家的工作，因为他们既生产静态的知识，也生产关于变化的可能性的知识。奥斯本继续论述道："巴迪欧思想中的首要的、经典的、理性的、唯心主义的特征，正是追求数学式的系统哲学思考的观念，也正是这种追求使他的思想转回到了柏拉图，无论他的数学有多么现代化。"[21]

在奥斯本看来，巴迪欧成熟期的哲学转向了唯心主义，因为它拒绝历时性，而倾向于选择共时性，换言之，因为它寻求共时性地理解和分析世界/状况的结构，因此从历史中脱离开来。它不再感兴趣于一个既定世界的结构与这个世界的历史之间的关联，它不再认为对于一个既定的世界的产生，或者一个变化的过程来说，状况的历史性是重要的；相反，它认为世界不是别的，只是静态的、去历史化的、非主体性事物的聚合体，通过（非主体的）

先验所强加的物体之间的结构关系获得它们的客体地位。事件是制造历史的东西，但（令人奇怪的是）它本身也是非历史的，因为它与世界的去历史化的历史相脱离，这个世界表现出我们所看到的样子，然而，它却是产生于一个状况／世界的，实际上，事件并非某种自己决定自己的东西（同样，对主体的哲学研究也不能自己决定自己，只是在它们产生之后，它们才有某种自主性）。

在这里，我想把奥斯本的上述分析向前推进一步，我认为，在巴迪欧成熟期的主要作品中，他展示给我们的是对世界的形式化的共时性描述，这使他走向了唯心主义的危险境地，因为，他在共时性层次上把他用于分析不同世界的数学结构固定了，这种固定化既表现在它的共时性本质中，也表现在它对潜在的历时性的遮蔽上。也就是说，在巴迪欧那里，数学的结构成为一种意识形态，因此也是唯心主义的盲点，表现在他的本来可以是唯物主义的理论中。这一点在约翰斯顿那里也有过进一步的讨论，他认为这一点既在巴迪欧的数学本体论中，也在他的产生效果的整体的概念中表现出来。

四

考虑到巴迪欧把抽象的数学结构当作本体论的基础，约翰斯顿确实恰当地指出了巴迪欧思想中的唯物主义方面所存在的问题。巴迪欧的一些辩护者，如约翰斯顿所列举的费边·塔巴（Fabian Tarby），提出了这一事实，即"巴迪欧拒绝把数学的摹本当作人类思想的基础，不承认客观世界被这种数学覆盖"，因此，最终"巴迪欧的数学本体论是唯物主义的，因为数学的实体和结构被柏拉图主义者的巴迪欧当作加入到真实存在中的共享本体份额"[22]。约翰斯顿对这种观点的首次回应值得在这里详尽引述：

信奉数学的本体论实在并不能使一个人成为唯物主义者。与此不同的是，信奉形而上学的实在论的人不但不是唯物主义者，而且会转向唯物主义的对立面——他们是唯心主义者。并非出于巧合或者偶然，形而上学的实在论者倾向于成为唯心主义者。至少在回顾以往的哲学史时，一个人可以轻易地发现在唯物主义与形形色色对立着的形而上学实在论，即唯名论之间存在强大的关联。[23]

如果巴迪欧是一个信奉数学实体的实在论者，那么，他的实在论的唯物主义性质就被他的信仰削弱了，因为这种信仰驱使他采取一种既接受实在论，也接受抽象与形式的优越性，或者说接受唯心主义实存的立场。约翰斯顿借助巴迪欧近期关于物理学地位的评论，以及数学在经验论中的应用的论点，批评众所周知的巴迪欧对生命科学的拒斥。巴迪欧在拒斥生命科学的同时，推崇纯粹数学的形式主义，约翰斯顿批判巴迪欧的这种做法，认为巴迪欧的所谓唯物主义理论是有问题的，它是唯心主义的唯物主义。巴迪欧认为，生命科学（这里指由物理学呈现的生命科学），卡在了呈现的层次，只有纯粹数学可以达到本体论层次。让我们引述一下巴迪欧的相关论述：

> 你越是把物质概念分解为它的最基本构成因素，你就越会进入一个实在领域，这个实在领域只能被称为、或者说只能被认为是不断增长的复杂的数学程序。"物质"只可能是随着被称为呈现（对于"所呈现之物的"）的最普遍的可能性出现的事物……在被卡在了物理层面的意义上理解物质，物质就是包裹着所有特殊的呈现之物，而我作为这种意义上的唯物主义者把任何呈现都当作是物质的。如果我们思考"物质"这个词汇，思

考"物质"这个词汇中包含的内容，物质就是紧随存在之后的事物。[24]

巴迪欧把纯粹的数学领域，即对作为本体论的存在的研究，与应用的数学，即物理学领域（"物质"），或者说客体的特殊集合，以及在呈现的世界中被人们发现的关系区分开来，正是因为有这些把柄，约翰斯顿得以进一步指出巴迪欧的唯物主义学术中存在的问题：

> 巴迪欧的唯物主义思想中存在的严重问题与困境在于，他在存在与物质（而不是"思想与物质"）之间划了一条严格的分界线，这条分界线随着巴迪欧本体论思想的成熟一同出现。而且，这条分界线……确实最终把"纯粹"的经验原则隔离开来，使它们始终处于一个确切地说是封闭的本体论之外。对巴迪欧不利的是，这也正是塔巴之前曾为他辩护，但理由却根本不充足的地方。作为柏拉图主义者的巴迪欧的数学本体论的唯物主义标志，转而成为自身的敌人：巴迪欧对存在与物质进行区分的方法，紧紧系于柏拉图的本体论，如果这被认为是唯物主义的，那么唯物主义与唯心主义的对立完全变得没有意义。这种形而上学的实在论如何能不是一种超世的教条，如何能避免与唯心主义的唯灵论纠缠在一起呢？[25]

巴迪欧所信奉的柏拉图的形而上学实在论使他的唯物主义被"唯心主义的唯灵论"这一幽灵所纠缠，一旦这个幽灵出现，我们就会像约翰斯顿一样，发现巴迪欧的哲学被唯心主义牢牢地控制着，巴迪欧的"产生效果的整体"与去主体化的"先验"这两个范畴同样在唯心主义的牢笼中互生共存。

正如约翰斯顿所指出的，巴迪欧的一些批评者（包括约翰斯顿本人）已经对"程序"即"产生效果的整体"的运作之地位提出了质疑。[26] 回顾一下我们在上面提到的，这个"产生效果的整体"总是为既定状况的结构化提供"规则"，总是决定着一种状况下被"呈现"的东西是什么样的（也决定着呈现发生的方式）。也就是说，至少在《存在与事件》中，这个"产生效果的整体"是程序，它使存在之为存在的一致性转变为客体，或者连续性的多元事物，因此，它也就界定了呈现之物的位置。然而，巴迪欧的批评者认为，由于巴迪欧自己否认这种"产生效果的整体"是"存在"，而给予它一种很强的、无法言说的"程序"的地位（即，再一次的，总是在呈现中发挥作用），因此，用约翰斯顿的话来说，这个无所不能的概念似乎就是"一种超凡的、幽灵般的、起统一作用的程序"，是一种存在却抽象的东西，所以，它也就是一种有问题的唯心主义，与前文提到的现实主义的唯心主义异曲同工。[27]

正如我们在前一章所看到的，在《世界的逻辑》中，巴迪欧较少使用"产生效果的整体"这一概念，而用一个主体性的"先验"（或者说先验逻辑）来取代"产生效果的整体"，并履行着"产生效果的整体"在《存在与事件》中的相同功能。先验即一个既定的世界及其客体围绕之运行，且因之而被结构化的东西，相当于一种被效用程序所界定的规则。但在这里，这个先验，不像所描述的那样是个"程序"，而是本身即包含在被它所结构化的世界中（而不是在某种意义上先于被它结构化的世界的存在）。正如约翰斯顿所注意到的，对巴迪欧的一些读者来说，这标志着一种转变，即巴迪欧从"产生效果的整体"概念所蕴含的有问题的唯心主义中脱离出来。在这里，约翰斯顿以阿尔贝托·托斯卡尼（Alberto Toscano）的观点为例：

> 托斯卡尼认为，大约在 1988 年，人们对巴迪欧的不成熟唯物
> 主义的争议，以两种方式平息下来：第一种，巴迪欧于 2006 年构

建的先验概念更少目的性，它的神秘隐匿性比"产生效果的整体"的隐蔽性更强。第二种，与每个世界对应的先验领域的内在性，再次确保了巴迪欧思想作为一种严格的唯物主义形式。[28]

无论如何，约翰斯顿并不赞同托斯卡尼的观点，他正确地指出，在 2006 年的时候，巴迪欧并没有放弃"产生效果的整体"，这个概念仍然在《世界的逻辑》中被使用。巴迪欧把这一概念用在一个关键时刻，用来描述在一个既定世界中呈现的客体的位置。谈到《世界的逻辑》中的客体属性，可以回顾一下我们在上一章中提到的，巴迪欧对此声称：

> 说到底，毋庸置疑，一种存在……可以出现在不同的世界。认为既定的多元事物与一个既定世界之间存在内在的固有联系，这是荒唐的。一个形式化的存在的"世界化"，即存在于那里，或者显现，最终是一种逻辑程序：接近一种它的自我认同的地位保证。这种程序或许由众多不同的方式产生，由于可从它之中得出更进一步的程序，因此它还或许适用于整体不同的世界。[29]

此处的重点正如我们在上一章中讨论过的，即在写《世界的逻辑》时，巴迪欧所说的一个既定世界中的既定客体的出现，或者说在那里，并没有穷尽这个客体。一个既定客体可以通过众多的先验以不同方式被世界化，既定世界中既定客体的具体呈现是被关系所界定的，即这个客体与其他客体之间的关系，因此，这个客体的呈现是（正如我们在上一章所指出的，存在于这个客体与既定世界的人类自我认同的关系中）被其他存在所决定的，它只能是如此这般的在那里，或者说只能作为他者。然而，这种界定并没有完全决定和束缚这个客体，这既定世界之外的存在，也在同样的意义上决定着这个客体。

因此客体在世界化的过程中分裂了。它既是呈现出的样子，因为它是由关系结构界定的，同时，而且很重要的一点是，它又不是呈现出的样子，或者用约翰斯顿的话说，"巴迪欧的客体从来没有完全处于世界中，也没有无保留地被它的世界结构化（在拉康的意义上说，在它的世界中的客体的'非完全性'）"[30]。虽然巴迪欧客体的性质超出了表象，但它却始终是由所有的抽象构成的，这些抽象并非在世界中与其他客体处于协调关系中。但正如巴迪欧认识到的（我们在上一章同样论述过），这些抽象并不摧毁客体的超越部分，或者说并不摧毁它在先验的关系构造之外的属性：

> 当提到某个单个存在时，思考表象的关键在于它可以在同一个时刻被决定，使它作为在—那里的事物的自我差异，并不是它的存在之为存在，而是它作为在—那里的事物的与其他客体的区别，或者说与他者共享的世界规律，并没有取消它的存在之为存在。[31]

因此，客体跨越了存在之为存在的连续性多元事物与世界的在一那里的连续呈现之间的界限。约翰斯顿指出："作为本体逻辑背景的一个整体是压缩的交叉点，是存在与呈现交互发生的地方，是呈现开始离开打下它自身烙印的地方。"[32]正是在这里，"产生效果的整体"这一概念再次在《世界的逻辑》中发挥作用，成为世界客体的呈现，作为一个"整体"，或者持续的多元事物，被巴迪欧称为一个"呈现原子"，如约翰斯顿所指出的，是在《世界的逻辑》的最后部分，按照"产生效果的整体"这一"概念的词典"所（部分地）定义的东西：这个"原子（呈现）"是"呈现中的整体实例，因此，也是世界的'产生效果的整体'的实例"。[33]

暂时不考虑这个定义的第一部分，我们可以看到，对巴迪欧来说，"产生效果的整体"仍然是一个重要的概念，因为它持续地在客体的界定上发挥着重要作用，它规定了客体的呈现样式，也规定了客体在世界中的样子。这也就是为什么在前一章论述巴迪欧成熟期思想框架时，我认为巴迪欧把它当作不成问题的概念来使用了，而巴迪欧意义上的交互性的先验概念（这一点稍后详细论述）是有问题的。更进一步地说，巴迪欧在《世界的逻辑》中持续以这种方式来使用"产生效果的整体"这一概念，而这一概念也仍然是一个神秘的兼具抽象与真实的概念。正如约翰斯顿所指明的："它仍然是令人困惑的概念，无法解释这种神秘莫测的概念是谁或是什么，它只是在它出现的地方神秘地运行着。"[34]

现在让我们回到一个关联性主题上，即奥斯本与约翰斯顿所指出的，巴迪欧的理论在解释社会及其停滞、变化的过程中存在的问题，与阿尔都塞在他的时代所指出的结构主义的问题之间的关联。如果我们思考一下巴迪欧的批评者为什么认为他的理论有问题，为什么认为他的理论仍然停留在唯心主义的"抽象"中，而巴迪欧正是用这些抽象来充当他成熟期思想体系的关键功能，我们便会发现，巴迪欧的理论误区与结构主义的理论误区具有一致性。除了约翰斯顿所指出的，巴迪欧的"产生效果的整体"这一概念中的问题，我们还可以加上一种阿尔都塞的分析思路，那就是，巴迪欧没有充分意识到概念的非批判的具体固定化，它与结构的概念具有同样的非主体化的主体执行者的功能。正如阿尔都塞所指出的，结构主义者正是因为对概念的非批判地使用，才受到唯心主义的传染（成了唯心主义者）。

让我们再回顾一下我们在第二章所探讨的相关内容：阿尔都塞认为，很多思想者把"结构"概念当作全能的，在这一概念被具体化和无反思地运用时，它成了意识形态，并且是真正科学地（也是唯物主义地）理解存在背景的意识形态阻碍。同样，由于"产生效果的整体"未被批判地反思，它被赋予准—智性的地位，用于确保状况／世界中的所有多元事物的存在秩序。不仅如此，在试图克服"产生效果的整体"的内在问题时，巴迪欧用了一个去主体化的先验概念来取而代之，但正如约翰斯顿令人信服地指明的，这个取代性的先验概念依然被束缚于"产生效果的整体"的程序中，因此，也就被其中依然存留的唯心主义抽象侵蚀，不是真正的唯物主义。从这个角度看，"产生效果的整体"恰恰是某种唯心主义化的"形而上学不变量"，年轻的巴迪欧曾用这一概念来指责阿尔都塞的结构主义因果观的错误，认为其中存在"形而上学不变量"[35]。因此，如果回头看一下巴迪欧在我们提到的两次访谈中所说的内容，就会发现他哲学历程中存在的关键问题似乎是没能成功地以拉康为中介，在萨特和阿尔都塞之间找到正确的出路，至少在《存在与事件》和《世界的逻辑》中没有做到像他声称的那样（关于这一点我将在以后的章节中更详细论述）。

巴迪欧的读者，如波斯提尔斯和怀特，并不认同我（和约翰斯顿）在本章所指出的巴迪欧成熟期著作所存在的问题。他们的理由是，我们之所以得出指责巴迪欧的结论，是因为把巴迪欧的成熟期作品与早期作品隔离开来，这才是造成人们批判巴迪欧的原因。[36]例如，几乎直接针对我的观点，波斯提尔斯写道：

> 许多批评者认为正是巴迪欧自己，尤其是在他发表《存在与事件》之后，放弃了对一种较为传统的辩证观的追求，他是以康德主义（甚至是前康德主义）为准绳，在现象世界与自在之物之间划了一条僵硬的界线，又以更严格的萨特主义为准绳，在存在与纯粹虚无的意识之间划了一条僵硬的界线。[37]

波斯提尔斯和怀特一样，想当然地认为，我们绝对不能孤立地从旧观念出发来看待新观念，我们必须通过巴迪欧早期著作的透镜来阅读他成熟期的作品，只有这样，我们才能看到巴迪欧的成熟期著作是如何在阐述他早期观点时发挥作用的。我们需要再次回顾一下在第三章所论述的内容，巴迪欧指责阿尔都塞理论在科学与意识形态之间存在不清晰问题，按照波斯提尔斯和怀特的主张，我们应该把"不清晰"这一概念理解为必要的（要考察它与毛泽东辩证法的矛盾对立的关联），并把这种关联贯穿在巴迪欧的所有作品中。如果我们这样做了，我们便会看到，拉康对巴迪欧在访谈中所描述的两种观点的综合上起着中介作用。我们也会看到，在巴迪欧的共时性与历时性之间并不存在严格的界限，就像奥斯本所指出的。实际上，事件本身在上述意义上并不是非历史的，而是在状况／世界中有一席之地的，因为这样的世界本身就是不清晰的，也是辩证地分裂的。我承认，波斯提尔斯提供的论证大部分内容是正确的，我已经在前面充分地进行了说明：确实，对巴迪欧来说，一个世界／状况从来不是整体，它总是包含着未被呈现之物（与未被结构之物），等等。然而，问题在于，波斯提尔斯的论证并没有解答一个更深刻的、更重要的难题，这个难题也是我和约翰斯顿所指出的："产生效果的整体"到底处于何种位置？即便我们同意波斯提尔斯所说的，在巴迪欧的思想中，存在与事件，或者说存在与主体并不存在不可跨越的鸿沟，即便我们把巴迪欧的前后期著作看作一个整体（我认为我们应该这样做：这是我和波斯提尔斯的共识），我们依然认为巴迪欧的思想中存在未解决的问题，那就是巴迪欧的效果程序本身具有外在属性，它似乎站在了全部存在之外，站在了任何物质的世界／状况之外。

本章注释

1. Badiou, *Theory of the Subject*, translated by Bruno Bosteels (New York and

London: Continuum, 2009b), 27. 我们当然知道，在巴迪欧最近的作品中，主体不仅仅是政治的：它们可以是科学、艺术、爱中的主体，但是再一次需要指出的是，直到《存在与事件》发表之后，这种观点才产生。

2. Alain Badiou and Bruno Bosteels, "Can Change Be Thought?: An Interview with Alain Badiou" in *Alain Badiou: Philosophy and its Conditions*, edited by Gabriel Reira (New York: SUNY Press, 2005), 242.

3. Louis Althusser, *For Marx*, translated by Ben Brewster (New York and London: Verso, 2005), 170.

4. Nina Power, "The Truth of Humanity: The Collective Political Subject in Sartre and Badiou" in *Pli: The Warwick Journal of Philosophy*, Vol. 20 (2009), 1–27.

5. Ibid., 11–12.

6. Jean-Paul Sartre, *Critique of Dialectical Reason: Volume 1*, translated by Alan Sheridan-Smith (New York and London: Verso, 2004), 256.

7. 这方面可参见萨特对马克思商品拜物教的分析，在他的分析中，我们在商品价值面前的无能为力是由资本主义社会结构的系列性前提所决定的。同上，第321—323页。

8. 萨特也像巴迪欧一样，把法国大革命视为这方面的例子。同上，第354—363页。

9. Power, "The Truth of Humanity," 12.

10. Ibid.

11. See note 1 of this chapter.

12. Badiou, *Logics of Worlds*, translated by Alberto Toscano (New York and London: Continuum, 2009a), 381.

13. Sartre, *Critique of Dialectical Reason: Volume 1*, 354, emphasis mine.

14. Badiou, *Logics of Worlds*, 385.

15. Badiou and Élisabeth Roudinesco, *Jacques Lacan, Past and Present: A Dialogue*, translated by Jason E. Smith (New York: Columbia University Press, 2014), 7.

16. Ibid.

17. Ibid., 8–9.

18. See chapter 3.

19. Peter Osborne, "Neo-Classic: Alain Badiou's *Being and Event*" in *Radical Philosophy: A Journal of Socialist and Feminist Philosophy*, Vol. 142 (March–April 2007), 19–29.

20. Ibid.

21. Ibid.

22. Adrian Johnston, "What Matter(s) in Ontology: Alain Badiou, The Hebb-Event, and Materialism Split From Within" in *Angelaki: The Journal of the Theoretical Humanities*, Vol. 13, No. 1 (April 2008), 27–49.

23. Ibid.

24. Badiou, quoted in Johnston, ibid.

25. Ibid.

26. Johnston, "Phantom of Consistency: Alain Badiou and Kantian Transcendental Idealism" in *Continental Philosophy Review*, Vol. 41, No. 3 (2008), 345–366.

27. Ibid.

28. Ibid.

29. Badiou, *Logics of Worlds*, 114.

30. Johnston, "Phantom of Consistency," 364.

31. Badiou, *Logics of Worlds*, 117.

32. Johnston, "Phantom of Consistency," 363.

33. Badiou, *Logics of Worlds*, 579, my emphasis.

34. Johnston, "Phantom of Consistency," 364.

35. See chapter 3.

36. See for instance, Wright, *Badiou in Jamaica* (Victoria: Re.press, 2013), 19–20, Bosteels' Introduction to the English translation of Badiou's *Theory of the Subject* vii–ix, and Bosteels, *Badiou and Politics* (Durham: Duke University Press, 2011), 1–3.

37. Bosteels, *Badiou and Politics*, 2.

参考文献

Althusser, Louis. *For Marx*. Translated by Ben Brewster. New York and London: Verso, 2005.

Badiou, Alain. *Logics of Worlds*. Translated by Alberto Toscano. New York and London: Continuum, 2009a.

———. *Theory of the Subject*. Translated by Bruno Bosteels. New York and London: Continuum, 2009b.

——— and Bruno Bosteels. "Can Change Be Thought?: An Interview with Alain Badiou" in *Alain Badiou: Philosophy and its Conditions*. Edited by Gabriel Reira. New York: SUNY Press, 2005. 237–262.

——— and Élisabeth Roudinesco. *Jacques Lacan, Past and Present: A Dialogue*. Translated by Jason E. Smith. New York: Columbia University Press, 2014.

Bosteels, Bruno. *Badiou and Politics*. Durham: Duke University Press,

2011. Johnston, Adrian. "Phantom of Consistency: Alain Badiou and Kantian Transcendental Idealism" in *Continental Philosophy Review*. Vol. 41 No. 3 (2008a). 345–366.

——. "What Matter(s) in Ontology: Alain Badiou, the Hebb-Event, and Materialism Split from Within" in *Angelaki: The Journal of the Theoretical Humanities*. Vol. 13, No. 1 (April 2008b). 27–49.

Osborne, Peter. "Neo-Classic: Alain Badiou's *Being and Event*" in *Radical Philosophy: A Journal of Socialist and Feminist Philosophy*. Vol. 142 (March–April 2007). 19–29.

Power, Nina. "The Truth of Humanity: The Collective Political Subject in Sartre and Badiou" in *Pli: Warwick Journal of Philosophy*. Vol. 20 (2009). 1–27.

Sartre, Jean-Paul. *Critique of Dialectical Reason: Volume 1*. Translated by Alan Sheridan-Smith. New York and London: Verso, 2004.

Wright, Colin. *Badiou in Jamaica*. Victoria: Re.press, 2013.

第五章　齐泽克和非物质的唯物主义，或为什么黑格尔不是唯心主义者

在最近的一次访谈中，齐泽克就他的唯物主义发表了如下论点：

> 断言"任何事情都是重要的"，与断言"没有什么事情是不重要的"（它的对立面是"不是所有的事情都是重要的"，它打开了一个说明非物质现象的空间）有着根本的不同。也就是说，一种真正的唯物主义是不能用还原论来界定的：它非但不声称"所有的事情都是重要的"，而且它还肯定了"非物质现象"是一种特殊的肯定性存在。[1]

本章试图通过说明上述引文中的齐泽克"非还原论"的唯物主义，来探讨齐泽克与阿尔都塞的理论关联，以及他对阿尔都塞理论的修正。为此，我将把齐泽克的唯物主

义放置在他对黑格尔思想的去进步论的、拉康意义上的解读中来论述，在齐泽克对黑格尔的这种解读中，黑格尔成了一种典型的、非还原论的唯物主义理论模式的主要代表。在某种程度上，本章将通过齐泽克对黑格尔的拉康式解读（也进一步地与他对马克思的解读联系起来），对齐泽克与巴迪欧观点的一致性与差异性作出评价，并最终提出这样一个论点，即齐泽克的唯物主义克服了唯物主义中存在的问题，而这些问题却始终困扰着巴迪欧的思想。

一

众所周知，在《精神现象学》中，黑格尔把辩证法运动过程中的否定当作意识对自己的认识，他认为这种否定对于意识世界来说至关重要。正是在否定的时刻，中介产生了，也正是在否定的时刻，关于之前认为"真"的东西是否适当的问题被人们纳入思考范围。只有在这种否定的空间中，我们才开始审视之前没有被中介的东西（直接性，以及没有完全理解的东西），在这些东西的充分表达中，人们才认识到，只是因为对否定的排斥，它们才成为它们所是的样子。在直接性认知模式下（辩证过程中的任何给定步骤），一个人对世界的认识处于幻觉中，他会认为他已经拥有了一种全知性认识，他相信他对自身与世界的认识是完整的、闭合的，是一个统一体。但在否定的空间，这种认识，即曾经认识到的整体，以及对这种整体的解释，都变得不再充分，它们变得分崩离析了。曾经看起来是完善的、整体的、普遍性的东西变得不再如此，在一个人的认知中出现了一个内在的"非整体"，它被之前认为是整体的东西所遮蔽，而在否定的时刻，它被赤裸地暴露在非完善性之下。这就对认识者提出了问题，他之前所认为的普遍性知识是否是普遍的？为了更好地理解这一过程的运行，我们简要地看一下黑格尔的《精神现象学》是如何论述"知觉确定性"的。

在黑格尔的论述中，意识理解世界的第一个尝试出现在感觉中，它把感觉所呈现给它的事物当作真实的。根据黑格尔，意识所发现的只是"这个事物"，即通过它的感觉所接收的客体（或一系列客体）"是"。[2] 也就是说，感觉中的事物具有一种粗糙的、惰性的存在属性，而"这正是因为它只是它所是的样子"。[3] 意识对世界中事物的多元化的认识，在感觉这一阶段必然是固定的、决定论的，在某种程度上也是存在差异的。因此，在这一阶段，对意识来说真实的东西是"这个"事物，是一种粗糙的、物理的存在，即存在于"这里"的东西，在意识面前展现为"现在"。在这一阶段，在意识中进一步展示出的这个事物的结构（大写的"这个"）既是"现在"，也是"这里"，而这种此时、此地的结构成为意识进一步理解其他事物的决定因素（或概念框架）。[4]

我们应该像黑格尔那样，问一问关于"现在"的问题（那就是：什么是"现在"），以及"现在是夜晚"（这个专指夜晚的现在）又是什么意思？我们很快会意识到，现在不是固定的，而是一个不断逝去的概念，因为某一点上的"现在"将不再是夜晚，而是白天了。[5] 这种认识使我们关于"现在"的概念发生了变化，新的决定因素和差异性被带到了对这一概念的理解中。这种情况同样出现在黑格尔所描述的意识上，众所周知，黑格尔笔下的意识开始认识到"这个""现在"和"这里"这样的概念并不是普遍的，它们只是特殊状况的产物，它们最初是在日常生活中，在人应付来自世界的挑战时获得的知觉。概念的普遍性产生于经验，产生于人们非普遍的、流逝的、偶然性的经验，只是在这种经验中，概念才被当作普遍的。当概念的特殊性（偶然性）被否定时，概念本身就会重新被审视。在对特殊时刻的"现在"进行否定时，我们开始认识到，"现在"这一概念本身并非严格地与任何具体时刻的"现在"同一，相反，"现在"这一概念不是任何一个具体的"现在"。正如黑格尔所揭示的，否定时刻的重要性还在于：

> 作为夜晚的现在是持存性的，例如，它被称为是某物，但
> 是，事实恰恰相反，它自我显示为并非持存性的存在。当然，
> 现在这个概念确实有保存自身的倾向，但不是作为夜晚。当白
> 天来临的时候，作为白天的现在同样有自我持存的倾向，或者
> 说，它具有普遍的否定性，用作为白天的现在去否定作为夜晚
> 的现在。[6]

当初被人们确定地体验为"现在"的东西已不再是原来的那个"现在"，因为"现在"不是任何特殊的时刻，而是一种普遍的存在，这意味着它在同一时刻既是每个特殊时刻，又不是其中的任何一个时刻。这也就是说，通过对普遍的"现在"的否定，人们认识到"现在"不具有代表任何一个特殊的"现在"的普遍性，之所以把它当作是普遍的，是因为它是在某个起始点之后发生的，是这个起始点的产物，在这个起始点上，普遍虽然不是普遍的，而是特殊的、被决定的，但人们却把这个特殊的、被决定的时刻当作了普遍的"现在"。

黑格尔把认识当作一个通过否定永远被中介的过程。在我们所举的关于"现在"的意识的例子中，意识首先把被中介的、非普遍的"现在"当作了真理（现在是正确的），之后它才认识到，"现在"不是真理，"现在"需要被否定（即"现在"不仅是"夜晚"而且也是"白天"），这才是关于"现在"这个概念的首要真理。也就是说，重要的是理解概念的不充分性，概念并没有提供一个完美无缺的定义，虽然"现在"是白天，但作为白天的现在需要被作为普遍的"现在"所超越，因为一个普遍的"现在"不可能被严格地与任何它的特殊存在所同一，事实上，它是完全与这些特殊时刻不同的，而且，也是完全不能被这些特殊的"现在"表象所决定的。

只是在这个否定的时刻，我们才能真正地认识到关于事物的当前认知到

底缺失了什么，我们才能认识到什么才是普遍的，才能对我们的当前认知模型的本质有正确的认识（认识到它的不完备，认识到它永远是把某些事物排除后的认识，认识到它是建立在对某些事物的拒斥之上的）。进而言之，意识本身也是这种不完备认识的产物，产生于某一个特定的认知时刻。它的完备性和自我决定性只是一种深层认知缺陷的产物，而这一点只有在它处于否定的时刻才能显示出来。

我们可以简要回顾一下，像他之前的康德一样，黑格尔认为我们生存于其中的"客观世界"是意识（如组织事物、把意义加之于事物之上的意识以及"知识"）与受其影响物之间相互影响的结果。而康德意义上的意识是一个"感受的自发性"过程，意识接收信息，并立即对它进行处理（根据它加在信息上的结构来处理），因此，意识可以被理解为"知道"。根据康德的论述，我们不是根据经验的客体来修正意识，而是用意识去修正经验客体，以便使这些客体变得能够理解。[7]黑格尔愿意接纳康德认识论中的部分内容。他也像康德一样，认为经验与知识的主体条件不能被客体所改变，相反，客体事实上是被意识所决定的，正是因为被意识所决定，它们才获得了存在的基础。在《逻辑学》中，黑格尔提出了一个关于常识的观念。他认为，当一个人认识世界时，不知怎么的，他就"拥有"了关于一个客体的观念、概念、思想，与"决定的观念"（具体存在）相比，通过这种认识方法所得到的才是"真理"："这里的'我'是纯粹观念本身，它是作为观念进入存在的"[8]。对黑格尔来说，康德所说的意识对世界的加工就变成了观念对世界的加工，观念不仅被意识"拥有"，而且，意识与意识内容完全是同一个东西（意识即观念，观念即意识）。意识，或者我们也可以说，主体，是观念的物质存在：它是观念，或者说系列观念的鲜活例子（这里要理解为一个借之认识世界的一系列概念与思想）。通过这种方式，在主体（意识）与世界（即被意识与感知到的事物）之间就建立了一一对应的关系。黑格尔继续论证说：

这种构造不仅构造了我的本质，而且也构造了观念的本质，只有在两者同时相互确认被认识到时，即在它们的抽象中，以及在它们的完美统一中，两者本身才能被完整地加以理解。当一个人在通常意义上，**认为是我在认识时**，这个人才能认识到客体是他的一种**功能**或**属性**，同时他也是客体的一种功能和属性，也就是说，如果两者中有一个被对方排除，那么决定认识的基础就并非真正的基础。据此，我**拥有**概念，概念也拥有我，就像我拥有一件衣服、一种肤色，以及其他外部属性一样。现在，康德走到了对立的理解关系之外，走到了作为概念的功能和概念本身的我之外。这是《纯粹理性批判》最深刻与最真实的洞见，观念的构造属性被认为是知觉的综合源泉，是"我思"的统一，或者说自我意识的统一的源泉。[9]

在这里，黑格尔部分地同意康德的观点，正如我在上面提到的，他也在康德的意义上认为，**尽管意识并不被客体所改变，但经验的主体条件确实是变化着的**。它们历史地发生着变化，因为人与文化都是变化的。个体的认知与本身是与变化着的常识关联着的，因此，意识也在历史中经历着变化。

任何既定的意识（或者一个特定的、历史性的"观念"的物质实例）都是人文发展和人类世界发展中一个特定历史时空的特定主观呈现，因此，黑格尔在《哲学史导论》中指出，"历史中的理性"可以从两种意义来理解。第一种，是黑格尔在康德意义上所理解的理性。他认为，由于理性包含在由人类认识所构造的某种客体中，而人类本身是暂时性存在，因此人类历史充满了构造客体的理性的参与身影。正如黑格尔所说："理性是（我们的历史性世界的）实体，在所有由理性构造和参与的过程中，都有理性的存在和理性的协助。"[10] 第二种，是历史中的理性。在黑格尔认为康德意义上的上述描述为真的同时，他也指出，并且实际上已经注意到，理性与历史的相互关联建立在理性被历史打下烙印的基础上，理性因为这种历史烙印而成为理性。因此"历史中的理性"这句表述也意味着黑格尔对康德思想的创新和超越：黑格尔认为理性具有历史地发展着的本性，他对康德主义的先验的主体条件本身进行了历史的建构和改造。

接下来，黑格尔对世界的客观性和个体本身进行了重新理解，把它们当作是在承认的斗争中产生的，它们来自个体的意愿，是个体为了获得互相承认所需要的一套"真理"，我们的世界与我们对自身的理解就是被这套真理所构成和塑造的。认识与认识者都是被我们的生存实践所决定的，都是被我们在一个集体中处理相互关系的活动所决定的。事实上，什么是真的取决于自我意识，但这个自我意识本身又是被它从中获得意识的背景决定的，因此，什么是真的主要取决于一个历史环境中的集体的生存实践。可以说，个体的自我意识是被社会和世界中的客体所决定的，而社会和世界中的客体又是被个体意识对它们的意愿，或者说意愿的缺乏所决定的。当然，需要指出的是，这里所说的意愿并非单个人的自我意识中的意愿，而是一个历史共同体中的集体意识中的意愿。也就是说，个体的意愿是建立在一个更大的意愿组合上的，这个更大意愿建立在个体相互承认基础上（从这个角度看，共同体先于个体）。从黑格尔把自我意识描述为建立在获得承认的斗争之上，我们获得了对自我认同的理解，个体正是在获得自我认同中被决定，同时我们也认识到自我认同与历史的偶然性之间的关系，以及与变化着的共同体意识，即被需要的精神或黑格尔所说的理性的关系。

值得指出的是，在黑格尔的论述中，个体意识仍然存在，只是它建立在先于它的共同体意识之上，这种共同体意识已经是承载着意义，并且已经是展开了的意识。展开的根据是某个历史阶段人们对于价值和意义的共同理解。个体意识产生于一个已经携带着意义的世界，因为个体意识从中产生，它因此而从世界反馈给它的事物中产生了自我理解。这样，自我意识主体总是重新认识到自己是被决定的，总是重新认识到它与特定历史阶段上的自己不同，而它的思想也与在特定历史阶段形成的思想不同。这里的关键问题在于决定论是历史的。个体的自我意识和自我认同是集体认知模式的产物（在同种意义上也是知识本身的产物）。齐泽克对此评论道：

> 黑格尔当然吸取了康德先验唯心主义的教训（在主体的活动之前不存在真实性），然而，他拒绝把主体抬到一个普遍中立代理人的高度，这一主体直接构造真实。用康德的术语来说：他认为没有主体就没有实在，而黑格尔却坚持**主体具有内在的病理性质**（具有偏见和局限性，对存在会产生扭曲的、不客观的认识）。[11]

　　齐泽克指出，黑格尔的主体既在康德意义上组织它的世界，同时也被它的世界所组织，因为它自己的组织能力是被既存的共同体所构造和束缚的，而这个共同体处于一个既定的历史阶段中，这一点我们已经开始有所了解。这也就是说，任何世界要出现，它都必须先被一个意识主体所组织，然而，这个主体所呈现的实在总是有局限的（是被主体的偏见所扭曲的），是被主体发现它处于其中的背景所制约的。因此，并不存在一个无偏见的主体（至少在原初意义上不存在）。

　　如果所有主体都是病理学上有偏见的主体，那么，在这种意义上，所有的主体都是在它们的主体性中偶然地被构造的。作为阿尔都塞理论的回响，齐泽克所理解的黑格尔主体（首先）是不同差异、机构、实践、传统、认知模式，以及特定时期的意识形态的一种产物。因此，主体本身（以及所有它的不同方面）一开始都是历史的偶然性和意识形态的局限性的产物，并且作为这样的产物支撑着、制造着、维持着它的不同方面的存在。无论如何，它的支撑性作用只有在排除了它所忽略的因素时（例如，只有在一个否定的过程中把它自身普遍化，或者只有在认识的非整体性中把认识整体化时）才有效。

在某些理论阐述版本中，黑格尔的辩证法，也就是历史本身，它终结于"绝对知识"，在这个终结点上，主体及其客体在更高层次上达到了完全的协调，并且超越于历史的（有限）存在领域，进入了一个非历史的（无限）领域。在这样的时刻，不存在任何知识与现实之外的东西，因此也没有任何否定之物，而只有一个无限肯定的"整体"。[12]然而，齐泽克并不认同对黑格尔辩证法的这种解释。齐泽克并不认为"绝对知识"是我们可以借之从历史中脱离开来的知识，他认为，通过绝对知识而成为无限，通过绝对知识而终结否定性，这是不可能的。"……正因为我们始终假定，在我们有限的反思理性之上和之外，存在着一个有待掌握的绝对，我们因此并没有把握到绝对知识。"[13]事实上，正是在我们有限的理性中，我们才认识到绝对真理，这个真理就是"并不存在有限**之上**和**之外**的绝对，绝对并不存在于有限思想的对立面，并不与有限感知完全不同，绝对不是别的，它不过是有限决定因素的自我扬弃"[14]。

在最近的论述中，齐泽克这样阐释相关论点：

> 由于采取了"绝对知识"的立场，主体不去追问绝对知识的自满（探索中的一些特殊客体）是否是一种先验的标准（真理、善良、美丽等），它任由自满、任由它自己的内在标准来衡量自身，因此它自己为自己授权。绝对知识的立场因此与完全的（绝对）历史主义步调高度一致：然而不存在先验的"大他者"，不存在我们用来考察历史现象本身的标准。[15]

上述论述是齐泽克理解黑格尔的唯物主义的思想源泉。从齐泽克所阐述的黑格尔看，不存在外部世界：我们总是已经在世界之中，即使是主体也处于世界之中，作为主体的我们在世界之中构建我们用以理解世界的模式。进而言之，这个世界之所以是它所是的样子，是因为我们的理解模式使然，而我们的理解模式不是无中生有，而是在历史中，被个体与集体所建构的，也就是说它们是人类活动的历史性的、处境中的产物。这些理解模式本身在个体与集体与从事的物质实践中被固定下来，成为它们所是的样子。因此，所谓"绝对"只是认识系统的历史片断（在否定的中介的辩证运动中被发现），只是认识系统所创造的偶然和历史性的世界（通过这些认识模式的投射而形成），只是从这样的世界中产生的偶然的、千差万别的、有局限的主体的产物。黑格尔主义绝对不是别的，只是这个过程本身，因此"绝对知识"只是对这个事实的认知：

> "绝对知识"不过是对局限性的最终认识，这种意义上的"绝对"不是决定论的，不是特殊性的，也不是我们可以清楚地看到或锚定的认识的"局限"或阻碍。它不可避免地要成为绝对的样子，因为这是整体场域的局限性导致的，在场域内进行场域的封闭化（而我们总是在其中被界定，因为这种意义上的场域"就是"我们自己）是不可避免的，不可避免的二元对立呈现使场域封闭化，而不是使场域变得开放。[16]

拥有"绝对知识"意味着拥有这样一种认识，即认识我们对世界的认知是片段的、有限的，最重要的是要认识到片段性和有限性是我们意识的本性。也就是说，拥有"绝对知识"就是既承认知识的历史片面性、偶然性和有限性，同时又认识到要通过一种意识（或主体性）去克服这种片面性、偶然性和有限性。例如，黑格尔在《精神现象学》中论述道，既然所有形式的知识都是普遍地有局限的：那么，局限性和片面性就是普遍的、"绝对的"，或者说，所有形式的意识都是先验地具有局限性和片面性的。这是不可克服的："辩证法在这里发生了逆转：主体不能再继续'意识经验'的游戏，把主观与客观区分开来，辩证法颠覆了两者，因为没有任何客体可以作为主观的真理标准。"[17]一个人从绝对知识中得到的是这样一种认识，在这种认识中把客体与主体区分开来是内在于主体性的：

> 绝对知识因此把元语言的不可能性推向极端。在我们日常经验中，我们依赖于对主观性与客观性的区分……我们把事物自身具有的第二属性（也就是为我们性，如颜色、味道）与它们的第一属性（形态等）区别开来；在这个区分之路的尽头是量子物理学的纯粹的数学形式主义，作为唯一的（全部的非直觉）客体性被我们所感知。然而，最终的结果是直接导致悖论的产生……被我们当作了"客体"的事物只是漫长的世纪中科学研究的结果。简而言之，为了达到所谓的"客观"，需要诸多的主体实践（或实验，创造新概念，等等）。[18]

在这里，我们可以回顾一下在前两章中所探讨的巴什拉思想。巴什拉指出，科学的"客体"是在人们（利用望远镜等）进行物质研究的过程中确立的。正如齐泽克所说的，要理解这一过程，就要理解主体在构造主、客区别的过程中扮演的中心角色。或者，用他的话说"主观与客观两个方面因此显现出它们辩证地互为中介，它们都是被主体构造出来的"[19]。因此，主体及其认识能力也就代表了一种普遍的失败，即它们无力把握整体存在，这样的整体性存在处于片段的、有局限的、偶然的人类历史之外，是先于人及其世界存在的。

在评价偶然性在黑格尔哲学中的地位时，齐泽克指出，人们对黑格尔体系的通常观点，即偶然性在其中没有地位，所有的存在都是被逻辑的、历史的必然性决定的，是被一个从潜在到显在的过程，一个先于人类存在的整体的顺序发展所决定的，这种通常观点是片面的，它没有看到：

> 黑格尔辩证法的发展过程并非这种自满自足的必然性整体过程，而是通过**整体形式本身**的展开而形成的开放的、偶然的过程。换言之（对黑格尔的通常理解）把存在（being）与形成（becoming）相混淆了：黑格尔的辩证法被视为存在（范畴网络）的一种固定秩序，而事实上，黑格尔的辩证法不是固定的，而是变动的，正是变动性才相反相成地导致了必然性的秩序。[20]

必然性，如果有的话，它也只是在**事实发生后**回溯地建构起来的，是人们对意识所走的轨迹的事后概括。这就意味着必然性并非从一开始就呈现出来，或者说必然性并非在偶然的历史过程之外形成，我们不应该把必然性当作是存在于偶然的历史过程之外的东西。换言之，对黑格尔来说，在必然／偶然的关系中，重要的是偶然：

> 如果必然性的囊括一切的统一是必然的，以及如果偶然性是必然的，那么，必然性（通过我们的认知发现的关于现象的偶然的多元存在的观念）就不得不是一直都存在着的，一直是等待着被我们的认知所发现的。简言之，从这个角度看，黑格尔的核心观念，即我们对真理的追求是真理本身所具有的内容，就被人们取消了，我们也就倒退回了关于真理的通行的形而上

学观念上，真理就成为实体性的客观物，独立于主体对它的研究。[21]

我将很快展开论述上述论点，但在这之前，要迂回地介绍一下齐泽克对拉康某些著作中思想的借用。在齐泽克汲取黑格尔思想的过程中借鉴了拉康的思想，了解这方面的情况对我们的理解是有帮助的。

二

我首先要关注和探讨的是拉康思想中的两个关键因素，即"象征"和"实在"。"象征"指的是结构与组织，"实在"，根据齐泽克对拉康的解读，指的就是象征的症候，它既是内在于象征的，也是由象征所引起的，同时它还可以瓦解象征的持续性和普遍性。从这个意义上看，"实在"可以被视作象征的恰当的否定时刻（这一点将在下面进行解释）。

像黑格尔一样，对于拉康来说，我们对世界与自身的理解是通过一种相互作用进行的，这种相互作用把我们与世界组织起来，赋予秩序，使之承载意义。我们理解这一点的途径之一是拉康对语言基本属性的分析。语言是人类世界得以建立的第一认知模式，没有语言的功能便没有人与世界相互作用的秩序。拉康这样写道："通过词语……一种特定的语言所组织的意义世界诞生了，在其中，事物有序地产生。"[22]

世界通过语言被组织，这一点很快就成为拉康思想的主基调，拉康提出，语言不仅是世界被组织的方式，而且是"语言的世界创造了事物的世界"，这就意味着，世界之所以是现在的样子，很大程度上是语言创造出来的。[23]拉康认为，语言的结构和结构创造出的意义不但用来组织世界，而且也用来组织人类，而这一同构过程是以无意识的形式发生的。我们意识不到自己被语言强加的结构所塑造，因为它镌刻在我们知觉意识的深处，是我们用来理解自己和我们身处其中的世界的基础。我们只有在语言所创造的意义世界中，才能产生意识，而语言和意义是正在进行的物质和历史过程的产物。因此，可以说是语言和它的历史地定位的结构和意义构造了我们的经验（以及我们的世界）。

根据拉康的观点，这一过程也就是弗洛伊德形而上学地描述的过程，他在《图腾与禁忌》中探讨了对抗乱伦的禁忌的基本性质。拉康写道："这种用来规范婚姻的原始规则（对乱伦的禁止），作为文化王国对自然领域的超越，是对自然交配行为的摒弃……这一规则清楚地揭示了与语言秩序一致的规范。"[24] 在人们的无意识世界中，语言把秩序加之于世界与个体，正是通过这种语言，通过语言所创造的事物世界，人类，形而上学地说，才从动物世界中脱颖而出。在动物式存在着的世界中，世界展现的是它的无序和反复无常性，人们只是按照本能而行动（例如，在弗洛伊德的故事中，一个人对母亲产生了欲望而杀死父亲）。只是因为语言把秩序加在了人的本能和世界的无序之上，人与世界才成为有序的存在。

当然，对于拉康来说，这个故事并非对人类史前史的有经验根据的解释，它是一个解释的神话。虽然这个故事提供了一种合理的解释，可用于理解存在于语言秩序之外的人类是什么样的，但它仍是一种神话。正如罗莎琳德·科伍德（Rosalind Coward）和约翰·埃利斯（John Ellis）所指出的："这种解释的神话性质是无法消除的，因为一个人关于前语言和无意识过程的认识只能借助于语言，以及语言的象征关系。"[25] 然而，这也并不能削弱拉康神话的解释力量，这里的重点是它展示了语言的力量，以及在语言秩序中所产生的意义。从非神话的意义上说，在拉康那里，作为第一秩序的语言，以及作为既构造了意识本身（如感知）也构造了多元与不同的具体意识的语言，允许意识客体的差异化和范畴化。拉康继续写道：

　　　　事实上，包裹在人的生命中的象征符号（词汇、语言、语法）是一种统一网络化的存在，在人还没有诞生之前，象征符号的统一性网络就存在了，这种统一性网络如此强大，以至于可以说，出现在世界上的人只是象征符号的"血肉承载者"。统一的符号网络的强大也意味着人在出生时，他的命运就被决定了，这种决定的性质即使不是神话式的，也是星座式的。[26]

　　拉康的上述观点可以，而且应该联系黑格尔的观点来理解，黑格尔认为，知识具有被共同体所决定的性质。正是在呈现于一个特定的社会历史状况下的秩序、机制和意义内，一个既定的主体才获得了对自身与世界的意识，把自己和世界理解为是具有秩序、范畴和以特定方式差异化的存在。这些意义在一个人有能力质问和抵制它之前就已经强加于个体之上，因此，这个人只能在意义所允许的范围内想象自己和世界。也正因为如此，人的意识虽然能够制造出主体与客体，但它总是先前状况的产物，永远是被久远的社会和历史状况所决定的。无论如何，所有这一切只是在一定的象征符号模式中建构的，只有通过符号设定一个主体，这一切才能生效。主体在共同体背景中，通过语言把自己建构为一个特殊的主体存在，他也通过语言设立某些事物，这些事物被共同体中的其他人所承认。

　　在我们上述所举的拉康的例子中，语言和意义对个体存在的结构化甚至开始于这个人出生之前。对这种观念的理解，我们可以借助"身体"这一概念，身体在不同时代荷载着不同类型的意义，而我们这个时代的概念和意义指称网络都是围绕身体这个概念建立起来的。所有这些意义都不是非历史的：它们随着文化的发展和变迁而变化，但无论它们有多么特殊的内容，它们都是在一个人出生之前就加之于这个人身体上的意义和价值网络。以"我们的"身体概念举例来说，任何一个可以称为当代人的人，例如，标记为

"西方的"当代社会的人，他如果身为父母的话，都不可能非性别化地养育婴儿，他都会认为没有性别的身体是不可能的。从衣服到尿布、摇篮和婴儿房装饰，几乎所有这些都被打上文化赋予的意义的烙印。我们在当下（再一次地，局部的）背景下，对于什么应该是男孩的、什么应该是女孩的这一理解是建立在语言符号对性别的意义和文化区分之上的。进而言之，现在的父母经常在怀孕初期就能知道婴儿的性别，这一认知使父母们在孩子还在母体时，就以不同的方式去想象这个孩子，并以不同的方式与未出生的孩子进行交流和相处；所以，在这个婴儿出生前，已经有了一套性格期待系统等着他或她去适应。再进一步说，围绕婴儿诞生的一整套意义、价值、信念系统是文化与历史地形成的（同时也是在不同的经济方式中形成的），而这套复杂的意义系统既决定了父母与未出生的婴儿、婴儿的出生、出生后孩子如何获得体验，也规定了它们之间的关系，也就是说它既规定了父母应该是什么样的，也规定了不同性别的婴儿在几个不同阶段应该是什么样的。

因此，拉康认为，"我"成为主体之时也就是"我"进入一个象征符号的网络之时。这一过程在"我"学习母语之前就开始了，"我"只有在这个网络中才能理解"我"自己，产生关于"我"的观念。通过它的结构，符号以某种方式把"我"召唤到存在中，当"我"回应语言的召唤时，象征秩序与意义就强加在"我"身上。再一次地，我们回到了阿尔都塞的询唤理论上，当"我"回应语言的召唤时，也就是回应"我"所处的共同体的其他人对"我"的召唤，而这些人自己也同样被语言结构和意义所询唤，他们也是在象征符号的网络中理解和认识他们自己的。

用拉康的术语来说，召唤就是被符号结构与用符号去结构的过程。如果我们把拉康的这种观念与阿尔都塞的主体构成理论结合起来看，"我"是在"我"与象征网络的"他者"的关联中（拉康所说的"大他者"整体）成为一个统一的存在，这个"他者"召唤"我"执行某种行动，通过询唤（或者说拉着"我"一起）像"我"一样的其他人一起作为它的主体。[27]当"我"的学生把"我"当作一个老师时，"我"对他们的召唤的回应就是"我"服从于象征符号的过程。在这里，"我"被"主体化"为一名老师，与之捆绑在一起的还有老师的权威性等。"我"在这个位置上似乎拥有的权力与其说是"我"拥有的东西，不如说是权力拥有"我"，也就是说，"我"只有在服从被社会认可的意义网络时，才拥有这样的权力，而也正是这种社会认可建构了"我"的作为拥有这种权力的主体性。以同样的方式，当"我"被某个其他拥有权力的人召唤时，如"我"的老板或上司，不但"我"的主体位置被固定了，这些其他人的主体位置也被固定下来了（还有在象征意义上的与这种位置一起而来的权力也被固定了，对"我"来说，随着"我"对某些权力召唤的认同，"我"自己在这些权力上的缺乏也被固定了）。显而易见，正是这种询唤机制使我的世界及其意义结构化，也使我有了一个可用以理解自身与世界的符号坐标。

　　然而，正如我们能够认识到的，尽管语言（以及象征秩序），还有语言制造差异和意义的过程看起来是一个整体化过程（同样地，在黑格尔的论述中，人类共同体也存在对整体性坐标的需求，人们需要从这个坐标中建立结构，以便能整体地决定存在的意义），但秩序/结构本身是运动着的，它自己制造出自己运动的障碍、运动病症，这些障碍和病症意味着它不能成功地整体化。让我们继续以语言为例，拉康描述了一种在言语和语言之间的对立，提醒我们这就是语言（作为赋予秩序与秩序行为的语言）试图把结构整体化时失败的原因。这种情况可以在一种被象征结构所采纳的既定语言中发现，其中，精神病的语言是不可理喻的表达，在这里，"言语放弃了试图制造它的被认同"[28]。

　　可以说，言语是不能被语言所穷尽的。言语可能不会被完全结构化，因为它同样可以指向另外的某物，这种某物被一个既定的语法系统所排除（稍后将详尽展开论述）。正是这种不能被理解的表达，构成了内在于语言系统的界限，显示出它在整体化上的无能。虽然被一种既定的语言系统排除，但被排除的内容同样是语言指称功能得以产生的基础，因此是语言系统的组成部分。用齐泽克的术语来说，"它是既存普遍秩序的一部分，但却在普遍秩序中找不到它的合适位置。"[29] 这也正是齐泽克对拉康"实在"这一概念的理解：实在既是符号的产物，同时也构成了符号的内在界限。或者用齐泽克的话说："实在不是先验的具体现实，不是从符号平衡被打破后产生的，而是内在于符号秩序的障碍物和绊脚石。"[30]

从这个角度看，实在是被结构和表面上的整体所压制和没收的东西，语言和意义系统把真正的实在排除了。这就是为什么按照拉康的说法，符号系统本身并不是封闭的，它也从来不是完全整体化的，只是某种实在的呈现被封闭和整体化了。实在只有在口误中才呈现出它的非封闭性和不可囊括性，才能指向某些不同的事物，才能把这些事物展现为系统内的"病症"。回顾一下我们在本章第一部分对黑格尔关于必然性与偶然性的论述，回到实在（或者回到被压制的事物）总是必然的（因为符号系统从来没有封闭化，在它之中总是隐藏着使它瓦解的东西）：

这种必然性本身并不先于表面的、偶然的、多元事物而存在，也不是后者的基础，它本身产生于偶然性，是偶然提升到一个普遍的必然性时出现的……一个内在的必然性只能通过一个症候的偶然性来表达自己，反之亦然：一个偶然性的必然化（如一个被压制愿望的不断激发）也只能通过这种途径。在这里，必然同样不是简单地先于偶然：当拉康论述被压制的愿望，以及向被压制的回归（在症候的形成中）是一个过程的前后两面时，他的意思是说，必然（被压制的内容）取决于偶然（在症候中的表达）。[31]

拉康的思想进一步地成为齐泽克理解黑格尔的否定辩证法的基础。在任何一个既定的理解的历史性模式中，都会形成否定的时刻，这也就是齐泽克所认为拉康的实在，正如上文提到的，这种实在不过是一个特定时刻中被想象出的普遍的病症。这也就揭示出，象征系统缺乏完整化的能力，因此它的本质就是"非整体"。

现在让我们再回到齐泽克所认同的黑格尔 / 拉康的唯物主义的关键点，我想先来讨论一种挥之不去的可能性焦虑（我将在下一章通过马克思返回来讨论这一点）。考虑到所有决定着主体与世界的符号、语言和意义因素（拉康），或者主体意识及其认知 / 概念模式（黑格尔），一个人也许会情不自禁地得出结论，认为这里并不存在什么唯物主义，或者认为即使存在唯物主义，它也是被唯心主义所传染的唯物主义，是被称为语言 / 概念化的唯心主义，其中，物质被飘浮于其上的意义所决定，而且只存在于那些承认它的头脑中。对这一结论的回应部分地由拉康自己给出，在齐泽克所声称的他的唯物主义是"非还原论"时，他也进一步给出了对上述结论的回应。

三

首先总结一下上面所论述的黑格尔—拉康思想的结构：个体的意识（对他自己与对世界的意识）是被语言的意义网络决定的，在这个网络中，他首次认识到自己。也正是这个意义和象征网络把他的意识结构化。而且，这个意义网络本身不是静态的（或者说不是返回到结构主义的语言观，一种共时地结构化的语言）。语言和意义网络本身是历史的，它是人类共同体实践和语法随机地发展着的产物。后面一点，即语言结构的偶然本性，展现在拉康的"实在"的存在中，也展现在黑格尔的否定时刻，但它被界定为症候性的例外／多余，不被包含在看起来整体化的意义／知识之内，当它呈现时，我们就认识到了"非整体"。对这些内容，艾耶尔在论述与拉康相关的内容时，很好地予以了阐明，他认为拉康对"关系中的能指"和"孤立的能指"的区别具有重要意义。[32]

根据艾耶尔对拉康所作区分的解释，"关系中的能指"是存在于具体历史处境所给定的意义网络中的能指，由于它的意义只是存在于象征系统中，因此它是由系统中的各种关系决定的。另一个概念"孤立的能指"是"作为实在的能指，它独立地存在于它的物质因素中，与导致它产生（并处于其中）意义的关系网络相脱离"[33]。这里，我们应该再次思考一下拉康之前对语言和言语的区分。非结构化的言语与孤立的能指有亲缘关系，它存在于语言成为关系中的能指之前。正是物质的"孤立的能指"为象征化提供了物质基础：如艾耶尔所说，在它孤立的状态中，它只为虚无赋予意义，但也正是在这种虚无的基础上，象征网络建立起来，同时有局限的意义网络也形成了：

> 拉康的唯物主义蕴含着复杂关系，如意义与非意义之间的关系，对捕获孤立的能指的支持与威胁之间的关系。当语言被从这些关系上理解时，它应该被理解为是物质的额外物质"呈现"，是人类经验本身的"事物"模型……作为一种"事物"，它体现着与通常而言的物质相关联的特征：一种永久的生长，一种巩固人类活动的能力，包括巩固人类交往方面的能力……更为关键的是，在它的顽强生长中，它还具有瓦解这些活动的潜力。[34]

不仅如此，正如上面已经提到的，拉康象征理论中内在的唯物主义可以通过一种洞见获得理解，即作为个体，我们并没有（原初地）控制语言表达的意义给定功能，事实上，正如我们已经认识到的，我们是被我们使用的语言所控制的，当我们形成意识时我们是把控制我们的语言嵌入其中，而且，这些意义本身也是嵌入式的，它们嵌入在一个在特定时间内形成的历史—社会的共同体中。因此，对拉康（也包括齐泽克从拉康角度所理解的黑格尔）来说，在物质（历史/共同体）与观念（语言意义）之间并没有一条清晰的分割线。在孤立的能指的实在中存在着否定的时刻，它导致象征的不完整性现形，从而让我们认识到我们与语言的关系。再次引用艾耶尔的说法：

> 通过把我们对实在的认知扎根于能指的逻辑中，我们才开始认识到非物质的物质性，以及物质本身顽固的不透明性。拉康所说的，借助能指所展现给我们的物质性不应该被当作一种特许权，不应该从中得出任何一种反实在论或者超文本解释理论。相反，拉康的目的是超越任何一分为二的做法，这种做法以唯物主义的名义把观念与物质分离开来，把语言表达与它所表达的现象分离开来。[35]

在同一篇文章的另一处，艾耶尔对齐泽克的黑格尔主义的唯物主义进行了评论，他认为，虽然齐泽克借鉴了拉康的思想，但齐泽克的立场不同于拉康，这恰好是对任何简单地分割观念与物质必然存在问题的一个延展说明。[36]

思考一下拉康的理论，再回头看一下齐泽克对黑格尔的解读，以及拉康所定义的象征的语言与意义之间的关联和黑格尔的交互主体概念，我们现在可以更加全面地理解这一点。我认为，我们现在处在一个理解齐泽克理论关键点的位置，我们在本章的开头介绍了齐泽克的相关阐述，即他在《视差之见》的开篇对他的唯物主义立场的说明：

唯物主义并不是我内在于客观实在的直接断言（这种断言预先假定了我的阐述处于一个外部观察者的位置，这个观察者可以把握全部的实在），相反，唯物主义栖居于意义的反射缠绕中，其中我被我所构造的画面包括进来。是这种反射的短路和自我的再复制的必要性，处于我的世界观的外部与内部，支撑着我的"唯物主义存在"。唯物主义意味着我所看到的现在从来都不是"整体"，这不仅因为它的大部分都不在我的观察内，而且因为它包含一个模糊之处，一个盲点，它指示出我之被包括于其中。[37]

齐泽克这里所说的"自我的再复制"发生于"我"对自我与世界的自我意识中，是从历史互动着的基础性象征秩序的物质材料中，为"我"建构起来的为"我"的存在（也就是说，是"我"**被包括在其中的**一种存在，这种存在是由"我"使用的符号建构出来的），同时，"我"对这一事实的意识（在一种恰当的唯物主义认识中），即意识到"我"对世界的唯物主义意识，是片面和局部的。对此，约翰斯顿这样解释：

那些看起来是外部的反思（例如，主体对物质实体的凝视）并不局限于认识领域，并不与对存在真实性的反思相脱离。相反，作为外部存在，反思被镌刻在存在的真实性上，实在通过反思来呈现内在的自我膨胀，一种物质的内在自我复制。主体对实体的凝视是非整体化的实体的自我凝视。[38]

因此可以说，齐泽克的非还原的唯物主义并不是对理想观念的拒斥，也不是把意义降低到另一个领域中，而是对存在的接纳，是对康德意义上的理想化准主体拥有的决定力量的接纳，却是在拉康—黑格尔思想下的接纳，其中，理想本身被定位在与物质时空互动着的历史环境中。如此，主体本身（即使在它的想象中）是物质地产生的，它永远只能以片面性和非整体性的形式存在，这种存在方式具有普遍性。

如果齐泽克的上述思想是正确的，如果有限的、有病症的、不完善的观念，是产生于物质的（这里的物质即象征—时空秩序），哪怕它是实在借之为我们建构世界的东西，如果主体同时也是黑格尔意义上的实体，那么，问题是，这种分裂的、自我复制的主体是如何产生的？这一问题齐泽克在《视差之见》中是这样表述的，"从肯定存在的简单秩序中，如何产生了思想与存在的鸿沟，即否定存在是如何产生的？"[39]

在与马库斯·加布里尔（Markus Gabriel）合著的书中，齐泽克把黑格尔的"习惯"当作我们"第二自然"的自然延伸，并以之为基础阐述思维与存在的鸿沟是如何物质地产生的：

> 并不是说人类这种动物通过精神的创造活动脱离了其自然属性，就成了与自然异化的、生活于精神性领域的动物，事实上，在"第二自然"中发生的自然的复制才是原初的，即只有这种复制才打开了精神创造的空间。[40]

齐泽克的论点展开如下（这也是我们在上面已经提到的）：对人类来说，第一自然与第二自然之间的区别，**并不是真正的区别**，我们是这样一种生物，它的第一自然就是它拥有的第二自然。第二自然，这里指的是历史的偶然性和变化的集合体，也是在特定时间内构建出的变化着的"习惯"，它在特定时空中被接受和发现，被用来组织和打造主体的出现，也就是说，主体性是原初的外部事物和时空的内在化。

这些主体性习惯是真实的习惯，因为它们在被个体主体所经验时，并不被当作是偶然活动的产物，而是被当作存在的特征。这种习惯系统之一便是（这里显示出上面论述的拉康对语言反思的重要性）语言习惯系统。在语言中，我们习惯于倾听**意义**（正如我们已经提到的，意义是它自己的历史索引），而不是倾听粗糙的自然自己发出自己的声音，如齐泽克所说：

> 当我听到一个词语，我不仅从它的声音中提取抽象概念，而且"看穿"了它的意义（回想一下感知到非透明的口头话语的奇怪经验，它似乎是侵入的和非正规的……），但是如果我要经验意义，我就不得不去对它进行抽象化。[41]

我这种"听"的行为是被第二自然的习惯性意义系统所决定的，我所听到的不是直接的第一自然的粗糙声音。这种情形出现于我在存在中所选择的众多其他习惯中。例如，在一种特定文化中一个人与另一个人打招呼的习惯方式。在美国，一个被习惯所塑造的人的礼节性握手就不是手臂肌肉的简单伸展动作，也不是一只手与另一只手的相交动作，而是一种象征性的姿势，区别于它所包含的物理行为。从这个角度看，在语言的例子和打招呼的例子中，通过习惯化，一个历史—文化实践系统（语言与其他）中的行为本身是"自由"于他们所处的物质基础的，虽然它们的复制发生在第二层次上（却成为最重要的层次）。以黑格尔的思想为参考，齐泽克提出：

> 黑格尔不止一次地强调……习惯为自由实践提供了背景与基础……通过习惯，一个人类个体把他的身体转变为一个动态和流动着的意义系统，灵魂的工具，身体的这种服务功能并不在我们的意识能感知的范围。简言之，通过习惯，**主体占用了身体**……[42]

齐泽克所说的"自由"是从存在中涌现的思想自由，是对物质的超越，是从"外在"中产生的"内在"，其中，外在（身体）被内在的（主体）规范和控制，但内在的主体本身是从外在于个体的环境中（社会的物质实践）产生的。齐泽克继续论述道：

> 从中可以得出的结论是，对于在一个活的有机体中产生了"内在"与"外在"之区分，只有一种途径可以对这种涌现现象作出解释，那就是设定一个自我反射的逆转，以之为工具，用黑格尔的话说，这个有机体通过反射，回溯地把它从中产生的整体"设定"为自己的产物，并且把自己当作决定和规范因素，去决定它自己所属的因果系统（例如，它从中涌现的多元过程）。[43]

把齐泽克的论述对比于阿尔都塞的理论，可以说正是在询唤中，"我"服从于"我"所属的社会—历史共同体的既定物质实践和结构，这种实践和结构在"我"之中得到复制，被"我"当作"我"的主体性的内在结构（也就是说，在习惯中，"我"把这些实践内化了，内化为"我"的存在的自主特征）。同时，这种"内化"再次被推回到世界中，作为把世界"虚拟化"和"非物质"的局限世界的行为。换言之，"我"在"我"的主体概念设定中经历由"我"制造的局限性，这也就预设了作为从外部强加限制的"大他者"的存在。在这种意义上，可以说，"我"**不自觉地**使"我"自己的设定活动成为束缚"我"（也是束缚"我"对世界的概念化）的活动。齐泽克继续论述道："正因为这样，而且只是因为这样，一个有机体不再被外部条件所束缚，而是根本性地被他自己所束缚。再一次，如黑格尔可能主张的，生命涌现于外部限制（一种存在被它的环境所制约）转变为自我限制之时。"[44]

确切地说，拉康的"大他者"不是外在于"我"，并且限制"我"的主体性的存在（像阿尔都塞所认为的），而是外部存在的内在化，它成了一种真正的主体设定或者假设，通过这种设定和假设，"我"自己规范自己，因此，也规范"我"的世界。在这种复制过程中，"我"虽然自我设限，却感觉这种限制是来自外部世界的。也就是说，"我"没有把握到它来自"我"的实质。在"我"的日常生活中，"我"始终意识不到"我"在这一限制过程中的角色。齐泽克写道：

> 这是一个古老的意识难题。在康德提出"先验统觉"时，他已经注意到了这一点，他认为，自我意识伴随着我的意识的每个行为（但当我意识到某物时，我是否也总是能意识到我意识到它的事实），这在经验上是不正确的，我不总是能反思地意识到我对事物的意识，这难道不是一件明显的事实吗？[45]

事实上，在"我"与世界打交道的日常经验中，"我"并不能意识到"我"对世界的假定，但正是这种假定发挥着作用，对"我"的日常经验和知觉进行框定和过滤。这种过滤框架产生和构造于物质世界的主体所进行的物质强加，虽然它是虚拟的（这里是关键），却对"我"拥有的现实体验产生了实实在在的作用（黑格尔意义上的）。正是在这里，阿尔都塞的意识形态概念，以及阿尔都塞为回应法国共产党，对科学与意识形态作出的区分，又出现了报复性反转（虽然以修改的样式）："我"的世界是虚拟的、意识形态的构造，因为它是被回溯地设定为一个整体的（是"我"在无意识的状态下，在上文描述过的主体复制中设定的），但这种设定活动又不完全是想象的，它对一个世界的存在产生了真实的效果。在进一步的阐明中，齐泽克援引了德勒兹的思想：

对这种意识困境的解决正是严格的德勒兹意义上的虚拟，这一虚拟概念是可能性的实现，是一种悖论的实体，即已经制造/拥有实际效果的可能性。我们应该把德勒兹的虚拟概念与关于虚拟现实无孔不入的主题分离开：对德勒兹来说，重要的不是虚拟现实，而是**虚拟的现实化**（也就是拉康所说的实在）。**虚拟现实**本身是很可悲的观念：它是模仿的现实，是在一个人工环境中制造出的经验。**虚拟的现实化**，却代表着这样一种虚拟现实，它具有真实的效应和后果。[46]

当然，这里的"虚拟"指的是"内在"的非物质产物，它是主体设定/预设的，是从"外在"的物质结构中，从历史地产生的社会共同体/语言实践中产生的，一旦产生后，它转而拥有了一个能决定物质世界的效果。再一次回顾一下在第二章结尾，在论述结构主义的意识形态本质时，阿尔都塞所说的。他认为，结构主义成为意识形态，因为它没有认清自己作为理论的当前位置，它只是从特定的物质环境中构造出的，它存在于既定的单个时刻，只是在回溯中被设定为作为起源的"真理"，或者作为社会存在的永恒/解释的真理。阿尔都塞的论点与齐泽克所说的主体设定的本质有相似性，主体设定也是意识形态的，因为它也像结构主义理论一样，当它对自己的历史性本质无意识时，必然会陷入意识形态。正如我们将在下一章所看到的，阿尔都塞的问题在于，他没能解释如何恰当地从意识形态中脱离，而这一问题在齐泽克那里有所减轻，表现在齐泽克用拉康理论对黑格尔变化观的复原上。这也是齐泽克与巴迪欧理论的主要不同之处（以及他们对黑格尔与拉康的各自理解的不同之处）。这也将包括一个回转，一个进一步的阐明，阐明齐泽克对黑格尔与拉康所作的区分，同时也阐明与（后阿尔都塞的）马克思主义的关系。

本章注释

1. Slavoj Žižek, "Interview" in *The Speculative Turn: Continental Materialism and Realism*, edited by Levi Bryant, Nick Srnicek and Graham Harman (Victoria: re.press, 2011), 407. Cf. Žižek, *The Parallax View* (Cambridge and London: MIT Press, 2006), 168.

2. G.W.F. Hegel, *Phenomenology of Spirit*, translated by A.V. Miller (Oxford: Oxford University Press, 1977), 58.

3. Ibid.

4. Ibid., 60.

5. Ibid.

6. Ibid.

7. See Immanuel Kant, *The Critique of Pure Reason*, translated and edited by Paul Guyer and Allan Wood (Cambridge: Cambridge University Press, 1998).

8. G.W.F. Hegel, *The Science of Logic*, translated by A.V. Miller (Amherst: Humanity Books, 1999), 583.

9. Ibid., 583–584.

10. G.W.F. Hegel, *Introduction to the Philosophy of History*, translated by Leo Rauch (Indianapolis: Hackett, 1988), 12.

11. Slavoj Žižek, *The Ticklish Subject: The Absent Centre of Political Ontology* (London and New York: Verso, 2000), 78.

12. See, for example, Alexandre Kojève, *Introduction to the Reading of Hegel: Lectures on the Phenomenology of Spirit*, translated by James H. Nichols, edited by Allan Bloom (Ithaca: Cornell University Press, 1980), or Robert Pippin's excellent *Hegel's Idealism: The Satisfactions of Self-Consciousness* (Cambridge: Cambridge

University Press, 1989), 在这本书中，他把黑格尔主义的历史本质当作意识的发展史，是意识对已经固定和被决定的康德范畴的认知叙事。

13. Žižek, *The Ticklish Subject*, 84.

14. Ibid.

15. Žižek, *Less Than Nothing: Hegel and the Shadow of Dialectical Materialism* (London: Verso, 2012), 387.

16. Ibid., 388.

17. Ibid.

18. Ibid., 389.

19. Ibid.

20. Žižek, "Is it Still Possible to be a Hegelian Today?" in *The Speculative Turn*, 215, my emphasis.

21. Žižek, *Less Than Nothing*, 467.

22. Jacques Lacan, "The Function and Field of Speech and Language in Psychoanalysis" in *Ecrits: A Selection*, translated and edited by Alan Sheridan (New York: Norton, 1977), 65.

23. Ibid.

24. Ibid., 67.

25. Rosalind Coward and John Ellis, *Language and Materialism: Developments in Semiology and the Theory of the Subject* (New York and London: Routledge, 1977), 101.

26. Lacan, *Ecrits*, 68.

27. 正如我们已经提到的，这是一个具有自我意识的阿尔都塞主义，是拉康的镜像隐喻理论影响下的产物，镜像阶段既是主体，也是象征秩序的基础，主体在这样的秩序中辨认出自身。拉康自己在这方面的著名论述，参见 Jacques Lacan, "'The Mirror Stage as Formative of the *I* function as Revealed in Psychoanalysis' and 'The Function and Field of Speech and Language in Psychoanalysis'" in *Ecrits*, translated by Bruce Fink (New York: Norton, 2006), 197–268, 75–81。

28. Lacan, *Ecrits: A Selection*, 70.

29. Žižek, *The Ticklish Subject*, 224.

30. Žižek, *In Defense of Lost Causes* (New York and London: Verso, 2008), 319.

31. Žižek, *Less Than Nothing*, 471.

32. Tom Eyers, *Lacan and the Concept of the Real* (London: Palgrave, 2012), 38.

33. Ibid.

34. Ibid., 127–128.

35. Tom Eyers, "Lacanian Materialism and the Question of the Real" in *Cosmos and History: The Journal of Natural and Social Philosophy*, Vol. 7, No. 1 (2011), 155–166.

36. Ibid.

37. Žižek, *The Parallax View* 17.

38. Adrian Johnston, *Žižek's Ontology*, 166.

39. Žižek, *The Parallax View*, 6.

40. Žižek, "Discipline Between Two Freedoms: Madness and Habit in German Idealism" in Markus Gabriel and Slavoj Žižek, *Mythology Madness and Laughter: Subjectivity in German Idealism* (New York and London: Continuum, 2009), 100.

41. Ibid., 106.

42. Ibid., 101.

43. Ibid., 106.

44. Ibid.

45. Ibid., 109.

46. 同上，对起源的强调。

参考书目

Coward, Rosalind and John Ellis. *Language and Materialism: Developments in Semiology and the Theory of the Subject.* New York and London: Routledge, 1977.

Eyers, Tom. *Lacan and the Concept of the Real.* London: Palgrave, 2012.

———. "Lacanian Materialism and the Question of the Real" in *Cosmos and History: The Journal of Natural and Social Philosophy.* Vol. 7, No. 1 (2011). 155–166.

Hegel, G.W.F. *Introduction to The Philosophy of History.* Translated by Leo Rauch. Indianapolis: Hackett, 1988.

———. *Phenomenology of Spirit.* Translated by A.V. Miller. Oxford: Oxford University Press, 1977.

———. *The Science of Logic.* Translated by A.V. Miller. Amherst: Humanity Books, 1999.

Kant, Immanuel. *The Critique of Pure Reason.* Edited and translated by Paul Guyer and Allan Wood. Cambridge: Cambridge University Press, 1998.

Kojeve, Alexandre. *Introduction to the Reading of Hegel: Lectures on the Phenomenology of Spirit.* Edited by Alan Bloom, translated by James H. Nichols. Ithaca: Cornell University Press, 1980.

Lacan, Jacques. "The Function and Field of Speech and Language in

Psychoanalysis" in *Ecrits: A Selection*. Edited and translated by Alan Sheridan. New York: Norton, 1977. 30–113.

————. "'The Mirror Stage as Formative of the *I* function as Revealed in Psychoanalysis' and 'The Function and Field of Speech and Language in Psychoanalysis'" in *Ecrits*. Translated by Bruce Fink. New York: Norton, 2006. 197–268, 75–81.

Pippin, Robert. *Hegel's Idealism: The Satisfactions of Self-Consciousness*. Cambridge: Cambridge University Press, 1989.

Žižek, Slavoj. "Discipline Between Two Freedoms: Madness and Habit in German Idealism" in *Mythology Madness and Laughter: Subjectivity in German Idealism*. Edited by Markus Gabriel and Slavoj Žižek. New York and London: Continuum, 2009. 95–118.

————. *In Defense of Lost Causes*. New York and London: Verso, 2008.

————."'Interview' and 'Is it Still Possible to be a Hegelian Today?'" in *The Speculative Turn: Continental Materialism and Realism*. Edited by Levi Bryant, Nick Sirnicek, and Graham Harman. Victoria: Re.press, 2011. 19–20, 202–223.

————. *Less Than Nothing: Hegel and the Shadow of Dialectical Materialism*.London: Verso, 2012.

————. *The Parallax View*. Cambridge and London: MIT Press, 2006.

————. *The Ticklish Subject: The Absent Centre of Political Ontology*. London and New York: Verso, 2000.

第六章　齐泽克与巴迪欧的比较研究

　　在上一章，我们已经了解到，齐泽克借助拉康理论对黑格尔思想的运用为他所说的"非还原的"唯物主义开辟了道路。在他的唯物主义中，"内在"是从物质中，或者说是从"外在"的社会存在中产生的，在这一产生过程中，内在之物从外在之物中脱离开来，以至于前者不可还原为后者。我们还认识到，在论述上述观点的第一部分中，齐泽克认同阿尔都塞提出的物质基础，认为它是一个既定的历史环境，以及发现自身处于其中的个体存在的基础。主体性最初被发现于（存在于）特定的外部社会实践环境中，它建立在具有物质输出功能的语言结构，以及特定历史阶段和被询唤个体耦合的意义之上。在论述上述观点的第二部分中，齐泽克对阿尔都塞的理论进行了创新，他不赞同阿尔都塞的主体观，不认为主体除了是被询唤的主体外什么都不是。对齐泽克来说，主体性是主体自身的状态，一旦它被召唤到存在中，它就不会被简单地还原为物质构造（以下将详细论述）。

我们在第五章中提到，通过返回黑格尔，齐泽克能够对主体的即时性自我复制的内在物质性作出合理解释，能够把主体的这一特性纳入既建构主体又束缚主体的物质实在中。同时，主体（准康德意义上的）对包含主体的实在具有设定作用，设定所借助的是非物质的概念装置的涌现，这种涌现产生于外部存在和共同体的语言、意义构建和实践过程，这些内容我们已经论述过。此外，我们还论述了齐泽克所提出的，物质存在缺乏封闭的圆满性，他的做法是把黑格尔的否定提到辩证过程中的首要地位（这里可与拉康的实在联系起来理解），借此，物质存在的非封闭性也就与象征的内在剩余因素合二而一。如我们看到的，否定的实在是任何既定象征秩序的不可能圆满，是存在于所有感知整体之下的绝对和普遍的"非整体"。把上述所有观点汇集起来，我们可以理解齐泽克建立在停滞与变化两种范畴之上的过程观，这些内容与阿尔都塞和巴迪欧的理论也存在关联。

正如我们将看到的，像巴迪欧一样，对齐泽克来说，主体性也是变化之可能性的基础，尽管齐泽克时不时地采用巴迪欧的术语，但是他的理论并没有设定一个侵入性的外部（或部分外部的）"事件"，他的理论不需要这样一个变化的催化剂，也不依赖于一个有问题的一分为二，即一方面是"存在"作为形式本体论的多元事物，另一方面是存在作为结构的"呈现"，作为被产生效果的整体的物质的部分地呈现。对齐泽克来说，是主体自身的活动，既充当着停滞的基础，也充当着可能性变化的基础。我们将暂时返回巴迪欧／齐泽克的关系中，但首先，我想在齐泽克对阿尔都塞的回应方面展开论述一下，因为这将为我们对后者关系的探讨打下基础。

一

上文提到，齐泽克部分地同意阿尔都塞的看法，认为主体的基本性质来自特定时空的社会实践，但齐泽克站在黑格尔—拉康的思想立场上，不同意阿尔都塞所说的主体被从中询唤出的物质环境是结构性的总体／整体。这是因为，从齐泽克的黑格尔主义来理解的话，既定的存在背景永远都不会是整体，也永远不会像阿尔都塞所认为的那样可以完全地总体化。更进一步地说，主体一旦被询唤，它就不会被还原为社会秩序的物质状态，不会被束缚于仅仅维持和再生产它从中产生的机制与实践。

　　当然，从某种程度上说，主体确实也在维持和再生产它从中产生的机制和实践，确实服务于它的物质环境，借助于主体，这一环境得以被重新装配和维持，但主体也不**必然**地像阿尔都塞所认为的那样屈从于这一服务功能。相反，主体的被束缚只是**表面现象**（甚至主体自身也认识不到）。齐泽克借助拉康的"大他者"这一概念（把象征秩序作为完全结构化的总体）来反驳阿尔都塞，他这样总结道：

　　　　从拉康"大他者"的角度，我们可以得到完全相反的图景："大他者"的"设定"是一种主体姿态，也就是说，"大他者"作为虚拟实体，只有在主体预设的前提下才得以存在（这也是阿尔都塞的"意识形态装置"概念所没有表达出来的，它只是强调了"大他者"的"物质性"，强调了它在意识形态机制和仪式实践中的物质存在，而拉康的"大他者"却正相反，它最终是虚拟的，因此在它最重要的维度上，它是"非物质的"）。

　　认为存在着一个结构化的社会总体，这只是一种主体的预设，因为封闭的社会作为一个总体化的"大他者"，是被询唤的意识加之于世界上的：这种总体化在主体的预设之外不会存在。根据齐泽克的观点，阿尔都塞没有看到这一点，因为他只是关注于询唤的外部物质特征，关注于它的意识形态性，却没有充分意识到这一过程中的辩证复制活动。[2]当然，这并不意味着，在它的"非物质"存在中，象征的本质是虚拟的，因为它并不与其物质基础相分离。对齐泽克来说，他所理解的主体的非物质本质——符号，只是物质地产生的非物质设置，在它的设定性中，它最终拥有了一种对物质存在的决定性作用，或者用更接近马克思主义的术语来说，它拥有了一个实在—抽象的存在。为了更好地理解这一点，我现在想转向一个我已经谈论了很多的主题，即齐泽克的马克思主义，因为这对于全面地理解齐泽克自身的思想，以及他对阿尔都塞理论的回应都是有帮助的。

要更好地理解齐泽克的马克思主义，同时也更好地理解静止与变化这两个时间主题，一个富有成效的研究方法就是对马克思的《路易·波拿巴的雾月十八日》的开篇段落进行引申阅读，把它的含义具体地呈现出来。马克思写道："人们自己创造自己的历史，但是他们并不是随心所欲地创造，并不是在他们自己选定的条件下创造，而是在直接碰到的、既定的、从过去承继下来的条件下创造。"[3]在这里，我们看到，马克思关于历史和社会变化思想的两个主要因素以极为浓缩的形式汇聚起来：一方面，个体主体是谁，是什么，这是他们所处的物质环境和社会结构的产物，这些社会结构包括文化、传统、实践、政治、经济、阶层，等等，个体在其中没有多少自主性。另一方面，马克思认为，从上述决定因素中产生的个体与群体成为能够"创造历史"，或者为世界带来变化的存在，因此，它们具有改变历史和环境的潜能，可以打破其惯性力。很多评论者在讨论齐泽克的马克思主义时，倾向于首先关注于他对列宁意识形态理论的强调。[4]我不想过多地关注于此，而是想把目光集中在一个同样重要的主题上（归根究底，这也是齐泽克意识形态理念，以及整体哲学观点的基础），即齐泽克对马克思的商品及其抽象属性的分析。

二

在《意识形态的崇高客体》中，齐泽克提出，马克思的商品形式概念之所以有这么大的影响，是因为：

> 它提供了一种模型，使我们能够创造出所有的其他"倒转迷信"的形式：它就像一种商品的辩证法，为我们提供了一种蒸馏机制，一把钥匙，可以之对现象进行理论化理解，否则这些现象看起来与政治经济学领域（以及法律、宗教等）没有任何关系。在商品形式中，无疑存在着某种超出商品，比商品本身更为关键的东西，而正是这种"超"出商品的东西具有令人惊奇的抽象能力，成为施加在商品之上的魔力。[5]

齐泽克参考阿尔弗雷德·索恩－拉塞尔（Alfred Sohn–Rethel）的相关著作后提出，马克思对商品形式的分析揭示出：

> ……康德式超越性主体的大致轮廓……在商品形式的悖论中潜藏着：它——这种内在的世界"病态"（在康德意义上的世界）现象为我们提供了钥匙，用以解决知识论的基本问题：具有普遍有效性的客观知识是如何可能的？[6]

马克思所分析的商品形式，使我们对主体（以及主体在其中构建自己的社会）的物质基础，以及通过主体对他们所处世界的把握而得到的客体（在一种康德意义上）知识，有了一个大致的理解。为了说明这一点，我们没有必要重新回顾马克思对商品分析的详尽细节，但是我们应该简要梳理一下马克思对商品的解读。在马克思看来，一件物品是商品，是因为它不仅具有使用价值，而且具有交换价值，交换价值最终成为商品的根本属性。[7]

在资本主义社会，交换价值成为独立的存在形式，最终成为决定使用价值的东西。正如马克思所说，通过这种方式，商品形式本身具有了"从使用价值中脱离的完全抽象的特征"，它反映的只是数量（或者一种货币价值），这种数量可以通过其他商品和它们的价值数量来衡量，而不是通过质量来衡量。[8]在进一步的解释中，马克思写道：

> 假如商品自己会说话，它们会说：我们的使用价值可能使人们产生兴趣，但这并非我们作为客体的组成部分。我们的价值才是我们作为客体的组成部分。我们作为商品的自然运行证明了这一点。但在其他人眼中，我们不是别的，只是交换价值。[9]

使用价值，以及从中产生的商品，都是发挥作用的社会关系的产物，即商品的交换。而商品交换本身则是特定社会环境（资本主义）的产物。如马克思所描述的，在交换中，商品的抽象性被当作仿佛是承载着价值（而不仅仅是对于个体的实用性），而它的这种"仿佛"最终决定了它是什么。对齐泽克来说，拉塞尔对马克思分析的重要性也在此显现出来。拉塞尔让我们认识到，这种"仿佛"并不产生于那些交换商品的人的意识，而是产生于最终决定着意识之物的结构。拉塞尔写道：

> 无论如何，商品的抽象本质并不是由思想引发的，它并非发端于人们的头脑，而是发端于他们的行动，而且这并没有使其"抽象"仅仅具有隐喻的意义。商品的具体性恰恰在于它的

抽象性。从它完全缺乏质量的属性中产生了价值的经济概念，一种完全由数量和每个商品的适用性带来的差异，而且服务也从市场中产生了……它并不存在于其他地方，而只是存在于人们的头脑中，却不是从人们的头脑中产生的。相反，在本质上，它是纯粹社会性的，是从人类交往的时空中产生的。（再一次的）不是人们制造了这种抽象，而是他们的行为产生了这种抽象。[10]

在这里，拉塞尔试图阐明的马克思主义分析有两个重要特征（这也是齐泽克所认同并希望进一步论述的）。第一，正如上文已经说过的，在商品形式中蕴含的抽象性以人们的行为作为基础。这一点与我们在第二章论述的阿尔都塞的观点类似，即首要的是行动，或者说是社会实践，意识建基于行动和实践。[11]第二，这一点也已经在上文提到，这种背景下的意识是特定社会存在方式（即资本主义方式）的产物：生活于资本主义社会的生产方式中，并在这种方式中与其他人发生社会关系的个体，他的思想是被商品的抽象性所决定的。

我们可以在广义上看到拉塞尔与阿尔都塞的一致性，因为他们都把社会实践当作先于个体意识，并决定个体意识的存在，但两者也有不同之处。拉塞尔对阿尔都塞的部分观点提出了批判，认为阿尔都塞对马克思的商品抽象性的分析只是停留在了形而上学的分析上，没有进入具体层面。[12]我们已经了解到，齐泽克大致上也赞同阿尔都塞关于实践具有首要地位的观点。然而，在《意识形态的崇高客体》中，齐泽克却采纳了拉塞尔的分析观点，反对阿尔都塞的观点，认为拉塞尔的观点更为彻底，拉塞尔推进了阿尔都塞的"真实客体与知识客体之间存在差别"的观点，允许我们把抽象性看作是"第三因素，这就颠覆了真实与抽象的区分、思想与先于和外在于思想之物的区分，简言之，颠覆了象征秩序"。[13]我将在以后对齐泽克把拉塞尔对商品形式的评论与拉康的符号理论联系起来展开论述。现在重要的是对抽象进行分析，马克思与齐泽克都认为，商品的抽象性不能被形而上学地看待，不能认为它不具有实在性，或者认为它只是非抽象存在物基础的扭曲。

抽象是商品的形式，必然伴随着商品的行为，虽然是从商品中产生的意识，但具有非常真实的特性，从根本上说，正如我们已经指出的，它是基础性的。

我想在这里停留片刻，阐明齐泽克所感兴趣的一种抽象概念，即马克思在 1857 年后的思想成熟期对费尔巴哈抽象概念的创新，用托斯卡尼［参见罗伯托·菲内力（Roberto Finelli）］的话说，马克思的抽象是"真实的抽象"，或者"真实抽象性"，他这样描述：

> 这是摆脱了一般的、人文的、人类学的抽象概念的抽象：它通向一个**真实的抽象**观，这种抽象不仅是一种面具、想象、转移，而且是世界的一种操作性力量……最关键的理论革命因此必然是一种抽象的革命，它超越了作为基础性人文概念的抽象。作为基础性人文概念的抽象所设定的自由只是对之前自由概念的"回应"（把人放置在了作为人性的变种的上帝曾经占据的位置），而新版本的抽象则相反，它把上述自由描述为一种幻觉构造，认为真正的自由是社会历史性的，是"超个体"的现象。[14]

在这里，我们再次可以看到与阿尔都塞理论的关联，托斯卡尼所论述的抽象（也是齐泽克所理解的抽象）只有在阿尔都塞的马克思主义发展观下才是可理解的：这种抽象的真实只有在马克思从黑格尔和费尔巴哈的认识论中摆脱后，才得以建构出来。只有从这个角度理解，抽象中才能没有幻觉。商品形式的抽象，以及决定这种抽象的人类关系网络才是被称为"真实"的抽象。正如托斯卡尼所说，商品形式之所以是真实的抽象，在于这种"超个体"现象决定了资本主义社会，也决定了资本主义社会中个体的存在方式（从资本主义主体，到无产阶级主体，再到资本主义社会中的其他可能主体）。或者，用托斯卡尼的话说（他是用恰当的黑格尔主义方式来描述的）："这种总体性的真实抽象活动是资本准实体变成了'主体'。" [15]

进而言之，在把真实的抽象当作"超个体"的语境下，托斯卡尼把我们引向了巴里巴尔。巴里巴尔在《马克思的哲学》中认为，尽管他没有术语来命名"超个体现象"，但这一概念确实传达了马克思的意思，马克思在《关于费尔巴哈的提纲》中把人的本质理解为只不过是"社会关系的总和"，只是在一个特定的时间存在着（即在商品形式，以及作为它的存在基础的交换行为的抽象性中存在，是资本主义社会的组成部分）。 [16] 巴里巴尔继续写道：

> 马克思所使用的抽象既是对个体主义观点的拒绝（个体主义认为个体是首要的，尤其是认为这个编造出来的个体可以在自身中定义自身，无论是在生物学、心理学还是经济行为上，个体的存在是独立于社会的），也是对有机论的拒绝（采用盎格鲁－美国的用法，今天的有机论也被称为整体论：它认为群体是首要的，尤其是把社会当作一种个体的统一，个体只是其中的功能性成员）。 [17]

我们在上文曾引用马克思在《路易·波拿巴的雾月十八日》中开篇的言论，在这里，巴里巴尔的论述让我们又回到了马克思那里。个体主体与其伴随的思想是同构的，它们同构于商品交换这一行为中的真实抽象性，它们都是它们身处其中的社会关系的产物。商品交换的社会形式（以及支持这种交换的社会实践）先于主体的构成，正是通过商品交换这一社会形式，个体才成为他们所是的主体。

在解读马克思主义的抽象性时，齐泽克引用了拉康的象征概念，我现在要回到这一点上进行论述。首先，作为对巴里巴尔和托斯卡尼真实抽象与超个体关联理论的补充，我想要指出的是，正如巴里巴尔自己所说，拉康是为我们提供理论工具的人，他的理论中的超个体概念使马克思分析中至关重要的抽象性和商品形式变得富有内涵和清晰。[18]在相关论述中，齐泽克让我们看到，象征秩序是如何执行与马克思的"真实抽象性"一样的功能的：

> 由于拉康把象征秩序界定为既非客体，亦非主体，而是**交互主体**性的秩序，它难道不是完美的候选者来充当交互主体性的第三逻辑吗？这种第三逻辑难道不是心理分析的"能指的对数"，用来部署主体关系的强结构，难道不是这一强结构赋予大他者从他的象征立场与其他主体相交往的空间吗？[19]

事实上，这种理解进一步澄清了，在资本主义社会，真实抽象与商品形式本身既是主体能动性的基础，它给我们提供了某些洞见，让我们看清这一基础并不是虚幻的，同时，它又是抽象的，是真实抽象。在客观事物，如"粗糙的"经验事实，与主体事物，如思想之间，起到中介作用的正是象征秩序。

回顾一下我们在第五章中所讨论的齐泽克举的例子，这个例子表明我们作为社会的—语言的主体，是如何从没有意义的语言发音中听出"意义"的（为了听到意义，我们不得不"洞察"这些发音）。这种听出意义的方式，也发生在商品交换的实践中，这也就是拉康的象征秩序理论。作为象征秩序的语言和意义是一种超个体的、交互主体的、富有真实抽象性的事物，它们形成于不同历史阶段的语言和意义的运用与实践，虽然这些语言和意义与实践只存在于一个既定的社会历史空间中，但它们却与孤立能指的内在物质性关联着，由它们构成的整体也就是一个社会实体，或者黑格尔所说的大写的精神。

　　齐泽克认为，这里的实体就是三元组的第三个时刻，它把个体询唤为它的主体，因为在一个既定的社会历史时空中，个体由此进入了先于存在的意义中，也进入支撑这些意义的实践中，就像我们在上面所举的例子。在实体把我们构造为主体的过程中，甚至我们最物理性的装置（例如听这一行为）也被这个实体所规范。现在，让我们再次回到商品形式的真实抽象性中，它是齐泽克对我们上面所论述的大部分内容的回应，也是对马克思所分析的资本主义力量本性的复述：

　　……这种"抽象"……是"真实"的，这恰恰是因为它决定了社会进程的物质结构本身：种群人口繁衍的速度，有时整个国家都可以被资本周期可预测的"利润率"来决定，在被赋予其运行影响社会现实的差异下，资本合理地追求着自己的利润目标。这里存在着资本主义的基本的、系统性的强加力……这种强加力不能归之于任何具体个体，以及他们的"邪恶"意图，它是纯粹"客观的"、系统性的、无人格化的。[20]

齐泽克继续写道：

　　我们在这里遇到的是拉康在真实与"实在"之间所作的区分：真实是社会性的真实，它是现实的人们相互交往和生产的过程，而实在是与资本主义逻辑光谱纠缠着的"抽象"，它决定了社会性的真实。[21]

　　把上述论点集合起来，我们可以说，系统性强加力的"真实"是"实在"不由分说地强加在资本主义主体身上的，但它是社会实践的产物（如商品交换活动）。这种实践转而构成了真实的抽象、交互主体性、超个体性，也构成了象征实体，借此这种主体建立起它们的自我认同。

　　在这里，黑格尔的思想同样不能被忽视。再次思考一下齐泽克对黑格尔的习惯之作用的分析，习惯是外部转变为内部的工具，凭借习惯，个体的意识被创造出来，随后，个体又借助习惯去理解世界、结构及其组织化。呈现在我们面前的世界是这样的世界，它是我们活动的产物，同时它又是构造出我们的活动的复制品。我们在第五章中曾引用齐泽克的一段话，为理解上述论点，在这里有必要再次引述：

　　　　从中可以得出的结论是，对于在一个活的有机体中产生了"内在"与"外在"之区分，只有一种途径可以对这种涌现现象作出解释，那就是设定一个自我反射的逆转，以之为工具，用黑格尔的话说，这个有机体通过反射，回溯地把它从中产生的整体"设定"为自己的产物，并且把自己当作决定和规范因素，去决定它自己所属的因果系统（例如，它从中涌现的多元过程）。[22]

　　马克思在《路易·波拿巴的雾月十八日》所写下的著名论断的后半句是什么？如何理解人们不能随心所欲地创造他们的历史？我在上述论述中所讲述的内容提供了一种解释途径，在这种解释中，主体通过一种回溯地设定的虚拟化整体，支持并再生产着一套传统的社会时空、实践和习惯，这是主体被询唤时的那套系统，如果这种理论可以解释静态社会的存在，那么，它就为我们提供了方法上的洞见，根据齐泽克的理论，通过这种洞见，在静态的画面中就会呈现变革的可能性。

齐泽克拒绝阿尔都塞的主体概念，因为它只是被简单地还原为询唤它的实践与机构（因此也是被这些实践和机构完全构造和决定的），齐泽克认为，主体一旦被询唤到存在中，它就不再是可还原的，相反，它是一种真实的抽象，可以随之带来脱离它的意识形态根基的存在。齐泽克关于事物的理解首次给我们一种提示，让我们看到一种变化的可能性（即使还原性的主体现在仍然服务于一种支撑着既定社会秩序的意识形态）。无论如何，存在着一种变化的"主体"（因为主体是从物质环境中产生的非物质转换）。进而言之，齐泽克对主体是自我设限的主体的论述，使得主体成为具有行动力的主体，因为主体本来就建立在变化的基础上。我们现在可以转向对这一论点的解释，并且解释齐泽克的变化观与巴迪欧变化观的关系。

三

对巴迪欧来说，"事件"是变化的催化剂，而对齐泽克来说，"行动"，这个从拉康那里借用来的术语，可以起到同样的功能。约翰斯顿为我们提供了对于拉康这一概念的简洁描述。[23] 正如约翰斯顿所说，在第十五个讲座中，拉康在他所谓的"行为"和"行动"之间作出了区分。约翰斯顿这样论述：

> 前者只是某种自然的自动的过程（例如身体的自发行为）。后者则相反，它包含一个超越维度，超越于平凡的物质重复之上。一个恰当的行动是象征的反思行动。它超出了象征秩序的规

定，因此在揭示象征秩序的缺陷、非连续和不可靠过程中，动摇了"大他者"的地位。行为是事物通常运行的一部分，行动却瓦解着规定某种现实的可预见循环，迫使常规系统作出改变以回应非常规事物的侵入和干扰。[24]

拉康的"行动"在齐泽克看来具有与巴迪欧的"事件"同样的效果，因为它瓦解了静态时间的常规流动，以至于这种常规流动状态不得不重新加以组织。更进一步地说，行动对事物的改变并不局限于外部存在的秩序，它也同样改变了经验中的个体，使他们发生必然性改变。巴迪欧的事件与齐泽克/拉康意义上的行动的一致性还体现在：行动既重新组织了主体，也重新组织了主体在其中发现自己的世界，由于事件具有瓦解象征与主体的双重效果，它也被主体以这种方式体验着，这种方式即巴迪欧对主体经历事件的描述：它是**降临**到主体身上的，而不是主体自己选择的。约翰斯顿这样论述：

> 拉康从他的视角所强调的行动的一个突出特征是它的破坏性，这种破坏性不是来自先前精心准备的，不是主体自我反思的结果……因此行动就像一种不可能的神奇呈现，它出现和降临于这样的主体身上，这种主体至少一开始是服从于这种行动对他的召唤的。[25]

在评论上述观点之前，我想先解释一下巴迪欧的主体概念与齐泽克主体概念之间的一个重要区别，在这种背景下，它对于理解他们理论的不同具有决定性意义。

正如我们在上文的论述中看到的，巴迪欧拒绝任何先于事件的主体性概念，他认为先验主体性的个体是被客体状态所规定的，它仅仅是由外部的产生效果的操作所决定的，而齐泽克则不这样认为，他提出个体不是事件化主体，而是在行动之前存在的自我设限的主体，如果没有这种主体，也就根本不可能有任何行动（因此也就没有任何变化）。这里的关键点可以追溯到拉康对"行为"和"行动"所作的区分上，约翰斯顿对此进行了详细论述。

主体是这样一个支点，借助这个支点，日常生活中的"行为"是一个既定社会结构或背景所要求的，也是维持这一社会结构或背景所必需的（如我们已经看到的），因此主体也是这样一种主体，它以逻辑的形式，通过自我设限的行为，以及把自己限定在从历史继承下来的世界中，设定了一个既定的背景，将之作为整体。在回答"什么是结构化"这一问题时，齐泽克没有像巴迪欧一样，把存在设定为一个物化的、抽象的、形式化的过程，如"产生效果的整体"。齐泽克认为，在主体的复制和对时空物质结构的部署中，主体自身具有"产生效果"的作用。

而且，外部物质的时空结构，即对主体的内在生命起到巩固作用的结构，其本身总是已经具有一种普遍的历史性和特殊性，因此主体在他的核心深处也是一种"非整体"的存在，因为他从未被完全地结构化和整体化（虽然他在日常的"行为"中并不承认这一点）。这一点是在主体的"行动"空间中揭示给主体的，正是这一行为导致了变化的可能性。当主体（自身）的行为向他显示出内在整体化的欠缺时，也就为他揭示出他的世界是"非整体"的存在，他的世界不能被整体化。这也就进一步具有把他从他先前被决定的存在中解脱出来的效果，因此既可以改变他，也可以改变他所生存的世界。毕竟这个世界是他遵守秩序进行活动的产物，他遵守的秩序，他假定的不变性，都是这个先前的世界所要求的，而通过他的行动，这个先前的世界是可以改变的。

四

在他的学术生涯中，齐泽克一直不懈地为一种超越性的主体而抗争，试图阐明这种主体的存在条件。这方面的许多重要例子他都是从文学和电影中获得的。对齐泽克来说，这些虚构的例子具有"思想试验"的功能，就像在其他哲学文本中一样，它们提供了对相关现象的有力证实。当然，齐泽克的例子超出了传统哲学思想试验的范围，它们倾向于模仿人们的真实行为，因此它们更具有力量（至少在我的心里是这样的），而这也是很多学术圈内的学者们所愿意接受的牵强哲学"思想试验"所不具备的。虽然这样说有点离题了，但我的这种评论是希望纠正一下关于客观的刻板印象，即认为用虚构的例子是有问题的。

为此，我在这里要论述一个齐泽克式分析的例子，这个例子是以《梅尔维尔·巴特比》为名的短篇小说中的主人公——公证人梅尔维尔·巴特比（Melville's Bartleby）的故事。在这个故事中，当巴特比被要求做某事的时候，他的回答总是这句话"我更愿意不做"[26]。虽然这只是一句重复的话，但它却具有否定向它提出的命令的意义，它几乎成为一种无条件的拒绝，使内在的象征/理性的意识形态空间不再具有意义。这种拒绝，正如齐泽克所说，"……是一种能指的客体转向，这个能指可还原为一个内在的污点，它标志着象征秩序的崩溃。"[27]根据齐泽克的分析，在他自己最初并无意识的情况下，巴特比的行为确实比一种简单的拒绝更有力，这是因为通过对结构本身说"不"，通过不参与所允许的行为方式，巴特比使先前背景下被人们所接受的普遍性被质疑。[28]这种行为的动机首次在既定的象征秩序中被呈现，一个人被要求以某种行为方式去做符合某种主体的事情，但巴特比的回应（"我更愿意不做"）作为一种拒绝行为，却是对询唤的拒绝，也是对询唤所召唤主体的拒绝。这就打开了一个空间，在这个空间中，询唤与主体都可以被看作是非总体化的、非整体的存在。更进一步地说，这同时也揭示出所有的主体假设，即普遍本身也是非封闭的，是欠缺性的存在。

齐泽克对巴特比的理解可以在黑格尔思想背景下得到说明。在这个故事中，巴特比的"行动"，虽然是一种主体活动的产物，但却能让主体获得与巴迪欧的"事件"一样的经历，一样可以带来变化，只是没有巴迪欧思想构建中的问题。正如我在上面所论述的，齐泽克是通过黑格尔（与拉康）的视野来解读主体的，在这种视野下，巴特比的行为本身就可以提供对自身的解释，换一种说法，在巴特比的拒绝中，否定性是内在的，而**这种否定性同时**也创造了新可能性，通过这种方式，事物的肯定性同时就是否定的，是否定性中的肯定性。

让我们回顾一下前文的内容，根据拉康的理论，我们是这样一种存在，我们与真实抽象的符号相关联，它既把我们召唤到存在（询唤我们），也为我们经历的世界制造出意义背景。从巴特比的情况看，当他被他的老板支配去完成某项符合他的职位的工作时，如查看与抄写某些文档，询唤过程就开始了，而他的回答就是那句"我更愿意不做"。对巴特比来说，他处于一个结构化的世界与意义秩序中，这种结构和意义是固定的，外在于他的，但他的第一反应却不是响应外在的召唤，而是用一种拒绝来回应。然而，在他的拒绝性回应中，外在秩序／意义机制的特定内容（意义）却被肯定了。这里的关键在于，通过拒绝话语的重复，拒绝本身**具有与响应询唤一样的效果**，它们都是对内在召唤的回应，只是在巴特比的回应中，那种把他构造为主体的事物是他自身的回应，而不是（被当作）从象征中生发出来的召唤的回应。因此，是他自身的行动把他召唤为自由的存在，使他从他最初设定为整体的事物中脱离出来。在这里，我们发现自己不仅处在拉康的思想领域，而且处在黑格尔的理念中。巴特比带来的行动与意识的某种怀疑活动具有相似性，意识的怀疑在黑格尔的《精神现象学》中被论述过。例如：

> ……在自我意识的某一个时刻，它的真理性和现实性不再处于它的知识中，而是在它的某种自由中，这就使"他者"所声称的真实性变得虚幻。怀疑主义不仅使客观真实性变得虚幻，而且也使它自身与客观性的关系变得虚幻。[29]

自我意识认识到它曾经认为是必然事物的偶然性，先前的必然被破坏，因为这种必然性不是别的，它只是自我意识与外部的他者之间的关系，这种他者以上帝的名义出现，它之所以能存在正是因为它有信仰者。同样，在巴特比的拒绝性回应中也有上述特征。齐泽克写道：

> 如果按照字面意义来理解他的"我更愿意不去做"：他说的是"我更愿意不做"，而不是"我不愿意（或者不在乎）去做"……在他对长官命令的拒绝中，巴特比并没有否定命令谓词，他只是确证了非谓词：他没有说他不愿意去执行命令，而是说他更愿意（更想）不去做。这里，我们从寄生在它所否定的东西上的"抵制的政治"或者说"抗议"，来到了一个新开辟的政治空间，这个空间处在霸权立场和它的否定物之外。[30]

回到黑格尔的思想，并且以之为参照的话，我们可以看到齐泽克所提出的观点与怀疑主义之间的联系。在统治性的世界（在这个世界中，怀疑消融到必然中，并且把自己呈现为必然和先验的世界）的否定中，怀疑者发现自己拥有少量的自由：由于自我意识，必然性消失了，不仅因为它是处于过去中的，不知道自己如何、为什么成为必然，而且因为自我意识认识到，正是"一"使这种必然性消失了，"一"使必然变得不再必然。借助于否定所有存在于其中，并且不属于它的肯定性内容，"一"使必然性消失了。对于说"我更愿意不做"的巴特比来说，在回应任何企图让他去做的行为中，在他自己的否定行动中，怀疑者把他自己从他与他的命令者的关系中解放出来。

因此，自由直接与行动关联起来，正如黑格尔所指出的，"通过这种自我意识对之前自我意识的否定，它为自己赢得了某种自由，**产生了某种自由体验，因此也使自由升华为真理**"[31]。只有在对所有似乎具有外部肯定性内容的否定性实践中，从他者中解脱出来的自由才能实现。关键的问题是，我们认识到了自由并非存在于行动之外的、先于行动的东西（它只是需要被行动实现）。对黑格尔来说，自由只是在这种行动的舞台上发生，自我意识绝对不可能是自由的，除非通过行动，它才能获得自由的可能性。自由直接产生于否定的行动。

需要指出的是，怀疑者的否定行为最初是与肯定性秩序捆绑在一起的，如黑格尔所说：

> 它（自我意识）宣告了一个绝对的否定，但是这种宣告是肯定的"是"，而这个自我意识正是被宣告所否定的东西。它确证了看见、听见等等的无效性，然而，它自己却是看见、听见等等。它肯定了伦理原则的无效性，却让自己的行动被这些原则所支配……它自身具有变化与不变的双重性矛盾意识，具有完全的偶然性，具有与自身的非同一性。[32]

黑格尔的论述要点在于，意识在这里所经验的分裂（在它的否定行为与这种行为所依赖的肯定内容之间的分裂）并非处于意识之外，相反，这种分裂内在于意识本身的核心，它把意识从中间切开：肯定秩序与否定秩序都是在自我意识中（通行行动）被呈现的，是在自我意识中作为主体性发生的。黑格尔继续论述说：

> 怀疑主义者所缺乏的自知之明注定会缺乏，因为，实际上，缺乏本身就是意识的组成部分，存在于它自身的两种模式之中。这种新意识形式因此是那种认识到它自身是双重意识的意识，既能自我解放，也能自我束缚，既具有自我同一性，也具有自我扰动和反常性，这种意识正是意识的自我矛盾本性的展现。[33]

（对黑格尔来说）推动辩证法运动前进的力量正是上述关于分裂的意识，意识到分裂并非外部的强加与内部的否定之间的分裂，而是这两个方面都内在于主体之中。从齐泽克的视角看，辩证运动来自主体本身认识到"大他者"是一种主体设定，而且认识到不仅时空世界不是完全被决定的，主体自身也没有完全被决定，被决定只是一种意识形态的假设。

进一步说，在"行动"空间中，主体既通过否定行动否定秩序，也通过否定行动成为（对它自己来说）不变和静态的，在它持续的否定中，它为自己颁布不变的法令。这种主体认识到他自己在这一过程中所具有的潜能。在巴特比那里也同样存在这一过程：借助非同一性的持续否定习惯，否定他所接受的命令，他成为具有否定潜能的东西。在这样做时，他发现自己处于一种自己赋予的自由中，这种自由来自询唤指令的外部，是在否定的过程中一种新的静态存在（在否定行为中由静态所提供的存在）。

正如黑格尔所指出的，我们在这里所发现的是主体的肯定性自由的**产物**，它**既在否定时刻之外，也在否定时刻之内**。通过否定行动，主体开始认识到他的分裂性存在，一方面，他有能力通过否定外部存在而从束缚他的外部力量中解放出来，获得自由，因为原来被直接性地认为是"外部的束缚"的东西，现在被当作是来自内部的设定；另一方面，他发现自己也是静态存在的源泉。因此，我们面对的正是来自对象征的拒绝的创伤：主体本身的内在矛盾性。主体不是别的，它正是真实抽象的"裂缝"，是象征秩序的肯定性内容和它的否定性之间的裂缝（这种裂缝也同时存在于它的行动的内部）。主体既是所有的静态和决定性的基础和源泉，同时也是认识到绝对决定性具有（普遍的）欠缺性的基础和源泉。齐泽克写道：

> 这就把我们带回到一个中心议题上……巴特比的态度并不仅仅是第一步的、预备性的行动，这一行动将为下一步更有"建设性"的行动奠定基础，通过这种行动构造一个新的替代性秩序。他的态度本身就是秩序的基础和背景，是秩序的永恒基础……建构新秩序的激进而积极的行为被一句"我更愿意不做"在下面支撑着，这种否定态度永远在秩序下振动着，或者正如黑格尔可能说的，新的后革命秩序并不否定它的基础形态，这种基础形态就是否定一切旧秩序的爆炸性力量，它只是赋予否定以生命。[34]

按照齐泽克的说法，巴特比的否定行动就是否定的基础中留存的"新"事物的"源泉"，正如我们所看到的，这种否定行动使我们第一次认识到了外部存在的虚幻本性，认识到了旧秩序权威的外在必然性的虚幻。这里我们可以回顾一下黑格尔的论述，即怀疑者的行为使外部的现实性"失效"。外部现实不过是建立在主体自我强加的信念基础上的（在主体自我设限的行为中），是主体信念所认为的外部的（也是必然的）东西的现实化，它只有在信念的基础上才能存在和发挥作用，这就意味着曾经被认为是外部束缚的东西，只不过是主体自己对自己的束缚。因此，这种否定行动就是对主体自身行动力的确认，它认识到主体行动是秩序的支撑，同时也认识到只有主体自身才能挑战它所确定的权威，挑战这种权威所确定的秩序，也挑战那种认为被询唤的（意识形态）主体性是完全被决定的观念。换言之，在否定"行动"

中，主体开始认识到整体存在的"虚拟"本性。

从黑格尔的视角看，在否定行动中，一个人开始有能力赋予自己以自由，使自己从外部现实的束缚中解放出来。当然，这里所发现的自由并非一种纯粹的自由，它仍然是从旧秩序强加的／设定的要求中解放出来的自由，这种旧秩序曾被当作是从外部加之于主体的。服从的一面仍然存在，只是这种服从被客观地加以认识：再一次地需要指出的是，服从是主体自己从内部加之于自己的。因此，现在建立的稳定性是不断地习惯性否定的产物（分裂是内在于主体的，主体的经验既是否定的，也是自由的，只有在否定中，它才发现自己具有稳定存在的外观）。我们或许应该把齐泽克的这段黑格尔式论述逐字逐句地加以解读，在这段话的结尾，齐泽克指出"身体"是具有这种否定天赋的存在。

因此可以说，在相信否定行动具有自由结果的信念中，我们给予我们的物质躯体以一种新的可能性。回顾一下齐泽克所描述的非还原的唯物主义辩证法的再生产结构，外部存在是内在存在进行生产的物质基础，通过概念装置，通过内部"设定"提供的一系列虚拟假设，外部存在凌驾于内部存在之上。

在"行动"中，上述过程并没有改变，改变的是虚拟设定系统的内容，以及主体与这些内容的关系（此时的主体认识到这一过程并非像他原来所认为的那样）。因此，主体性获得了一种新的特质，以及与之相伴随的一种与世界的新型关系，也因此使一个新世界在现实中诞生。齐泽克关于变化的故事与巴迪欧的相关论述有类似之处，那就是这个"新"主体必须通过努力来改变世界，因为主体是被它的行动所引导的，通过努力来维持和改变"新"世界，这本来就是主体设定的一部分。

当然，齐泽克所举的巴特比的例子，及其拒绝政策并非政治行动的唯一形式。众所周知，齐泽克在某些时刻提议采取妥协策略，某些时刻又建议人们以某种特定方式参与政治活动，而在其他一些时刻，他又认为我们必须有行动的意愿，即使在我们所希望的道路还不是很清晰的情况下。最后一种建议可见之于他对左翼的批判中，他认为左翼知识分子因为害怕带来新的古拉格式政治迫害而不愿意采取任何行动。[35] 在最近的评论中，阿贡·哈扎姆（Agon Hamza）正确地指出，在齐泽克政治思想的深处隐含着某种不协调，与他提出的真正的唯物主义不相符合。根据哈姆扎，齐泽克的立场是：

> 无论什么样的具体环境，这种主体与自身的关系总是一种切断了与决定它的意识形态的关系，或者，换一种说法，我们可以认同齐泽克－黑格尔主义的思想，认为在政治定位之下存在的是一种支撑，这种支撑并没有效力，而仅仅是普遍的观念，是被允许在这种环境中存在的所谓普遍观念，但主体仍然无法脱离这一环境。换言之，齐泽克所处理的环境并不具有普遍性，而只是特例。[36]

这里的关键问题是，齐泽克的行动不是唯一的，而是根据条件的具体情况，以及环境的需要做出的回应，是适时采取不同策略的行动方式。的确，如果行动只是行动，那么它将对主体产生同样的询唤效应。这里也存在着与阿尔都塞理论的另一个重要关联。在阿尔都塞简短（而奇特）的文章《唯物主义哲学家的画像》中，他试图通过发生在美国西部的老故事，来隐喻地解释做一名唯物主义者意味着什么。[37] 在这个故事中，主角（唯物主义者）"不知道他在哪里，却想去某个地方"，因此他搭上了一辆不知道到底开往哪里（或者从哪里来）的列车。[38] 他在中途的某处下了车，并且用当地的材料来打造自己的生活（例如，做某些事），最终成为一个有名望的人。在阿尔都塞所讲述的这个故事中，主角通过购买家畜而建立起自己的声誉，他得到的是

"被一群最好的动物环绕着"的生活。阿尔都塞讲述道：

> 一群最好的动物＝一群最好的范畴和概念。他（故事的主角）与其他农场主竞争，但是通过和平方式。每个人都承认他饲养的动物是最好的，也承认他的范畴和概念（他所听到的）是最好的。他的声名传播到了整个西部乃至整个国家。[39]

难道齐泽克在政治上的实用立场不就是阿尔都塞故事所说的唯物主义者的立场吗？一个人不知道自己从哪里来并不重要，一个人不知道自己该去往何处也同样不重要，重要的是一个人通过努力赋予概念、实践、机构等以环境、存在秩序，通过努力去发现使世界有效运行的方式，从而打破一开始形成的意识形态。从这个角度看，齐泽克所持的政治立场，所采取的行动，难道不就是与环境紧密结合的立场吗？更进一步说，一个人不可能事先知道哪种行动可能生效，但是他还是必须努力和行动。

我们现在应该能够更清楚地看到齐泽克理论与巴迪欧理论的一个重要区别了。在齐泽克的黑格尔／拉康式唯物主义理论中，静止与变化都没有离开它们得以产生的唯物主义历史。也就是说，在共时性与历时性之间不存在分裂，历时性之外并不存在去决定它的特殊性质的共时性，同样也不需要一种干预性事件使变化得以发生，巴迪欧理论所阐述的并不真实。

从一个既定的背景和它的引导中分离的是齐泽克所说的变化的可能性，它产生于这个背景之中。普遍的东西，以及普遍地"真实"的东西是物质—象征秩序本质之下的非封闭性，而且这种"非整体"产生和存在于历史特殊的、病态的、偶然性中，因为主体本身对普遍的意识是在历史中产生的，一旦产生，这种意识（如果可能成为习惯的话）就成为普遍性真理的基础。

本章注释

1. Slavoj Žižek, *In Defense of Lost Causes* (New York and London: Verso, 2009), 113–114.

2. 这里需要指出的是，齐泽克同样认为，在主体所从事的物质实践中必然存在意识形态（意识形态不仅是一种错误的认识）；正如我们将在这一章的后面看到的，他把这种意识形态化的假定当作是物质性的，就像其他实践一样是物质性的。

3. Karl Marx, "The Eighteenth Brumaire of Louis Bonaparte" in *Karl Marx: Selected Writings 2nd Edition*, edited by David McLellan (Oxford: Oxford University Press, 2006), 329.

4. See for instance, Matthew Sharpe, "Žižek" in *From Agamben to Žižek*, edited by Jon Simons (Edinburgh: Edinburgh University Press, 2010), and Ian Parker, *Slavoj Žižek: A Critical Introduction* (London and Sterling: Pluto Press, 2004).

5. Slavoj Žižck, *The Sublime Object of Ideology* (London and New York: Verso, 1989, 2008), 9.

6. Ibid., 10.

7. See Karl Marx, *Critique of Political Economy*, translated by N.I. Stone (Chicago: Charles Kerr, 1904).

8. Marx, *Capital Volume One* in *Karl Marx: Selected Writings*, 460.

9. Ibid., 480.

10. Alfred Sohn-Rethel, *Intellectual and Manual Labor: A Critique of Epistemology*, translated by Martin Sohn-Rethel (London: MacMillan, 1978), 20.

11. For Althusser's own description of the foundational nature of social

practice, see Louis Althusser, "Ideology and Ideological State Apparatuses" in *Lenin and Philosophy and Other Essays*, translated by Ben Brewster (New York and London: Monthly Review Press, 1971), 127–186.

12. Sohn-Rethel, *Intellectual and Manual Labor: A Critique of Epistemology*, translated by Martin Sohn-Rethel (London: MacMillan, 1978), 20.

13. 齐泽克，《意识形态的崇高客体》，第 19 页。当讨论阿尔都塞时，我不会用太多的时间来关注他对马克思商品形式的看法，因为这方面内容与本书的宗旨没有太大关系。读者如有兴趣的话，可以参见 Louis Althusser and Etienne Balibar, *Reading Capital*, translated by Ben Brewster (London and New York: Verso, 2009), especially 95–98 and 287–291.

14. Alberto Toscano, "The Open Secret of Real Abstraction" in *Re-Thinking Marxism: A Journal of Economics Society and Culture*, Vol. 20, No. 2 (2008), 273–287.

15. Ibid.

16. Marx, "Theses on Feuerbach" in *Karl Marx: Selected Writings*, 172.

17. Etienne Balibar, *The Philosophy of Marx*, translated by Chris Turner (New York and London: Verso, 1995), 31.

18. 同上。在所引述的段落之后，他直接指出了这一点。

19. Žižek, *The Ticklish Subject: The Absent Centre of Political Ontology* (New York and London: Verso, 2000), 81.

20. Žižek, *Less Than Nothing: Hegel and the Shadow of Dialectical Materialism* (New York and London: Verso, 2012), 244.

21. Ibid.

22. Žižek, "Discipline Between Two Freedoms: Madness and Habit in German Idealism" in *Mythology Madness and Laughter*, edited by Gabriel and Žižek (New

York and London: Continuum, 2009), 106.

23. Adrian Johnston, *Badiou, Žižek, and Political Transformations: The Cadence of Change* (Evanston: Northwestern University Press, 2009).

24. Ibid., 110.

25. Ibid., 110–111.

26. See Herman Melville, "Bartleby the Scrivener" in *Herman Melville: Moby Dick Billy Bud and Other Writings*, edited by Thomas Transelle (New York: Penguin, 2000), 639–678.

27. Žižek, *The Parallax View*, 383.

28. Ibid.

29. Hegel, *Phenomenology of Spirit*, 124.

30. Žižek, *The Parallax View*, 381–382.

31. Hegel, *Phenomenology of Spirit*, 124.

32. Ibid.

33. Ibid., 126.

34. Žižek, *The Parallax View*, 382.

35. See Žižek, *The Ticklish Subject*, 352.

36. Agon Hamza, "A Plea For a Žižekian Politics" in *Repeating Žižek* (Durham, NC: Duke University Press, Forthcoming).

37. Althusser, "Portrait of a Materialist Philosopher" in *Philosophy of the Encounter: Later Writings 1978–1987*, edited by François Matheron and Oliver Corpet (New York and London: Verso, 2006), 290–291.

38. Ibid.

39. Ibid.

参考书目

Althusser, Louis. "Portrait of a Materialist Philosopher" in *Philosophy of the Encounter: Later Writings 1978–1987*. New York and London: Verso, 2006. 290–291.

Althusser, Louis and Etienne Balibar. *Reading Capital*. Translated by Ben Brewster. London and New York: Verso, 2009.

Balibar, Etienne. *The Philosophy of Marx*. Translated by Chris Turner. New York and London: Verso, 1995.

Hamza, Agon. "A Plea For a Žižekean Politics" in *Repeating Žižek*. Durham: Duke University Press, Forthcoming 2015.

Johnston, Adrian. *Badiou, Žižek, and Political Transformations: The Cadence of Change*. Evanston: Northwestern University Press, 2009.

Marx, Karl. *Critique of Political Economy*. Translated by N.I. Stone. Chicago: Charles Kerr, 1904.

McLellan, David. *Karl Marx: Selected Writings 2nd Edition*. Oxford: Oxford University Press, 2006.

Melville, Herman. "Bartleby the Scrivener" in *Herman Melville: Moby Dick Billy Bud and Other Writings*. Edited by Thomas Transelle. New York: Penguin, 2000. 639–678.

Parker, Ian. *Slavoj Žižek: A Critical Introduction*. London and Sterling: Pluto Press, 2004.

Sharpe, Matthew. "Žižek" in *From Agamben to Žižek*. Edited by Jon Simons. Edinburgh: Edinburgh University Press, 2010. 243–258.

Sohn-Rethel, Alfred. *Intellectual and Manual Labor: A Critique of*

Epistemology. Translated by Martin Sohn-Rethel. London: MacMillan, 1978.

Toscano, Alberto. "The Open Secret of Real Abstraction" in *Re-Thinking Marxism: A Journal of Economics Society and Culture*. Vol. 20, No. 2 (2008). 273–287.

Žižek, Slavoj. "Discipline Between Two Freedoms: Madness and Habit in German Idealism" in *Mythology Madness and Laughter: Subjectivity in German Idealism* Edited by Markus Gabriel and Slavoj Žižek. New York and London: Continuum, 2009. 95–121.

———. *In Defense of Lost Causes*. New York and London: Verso, 2009.

———. *Less Than Nothing: Hegel and the Shadow of Dialectical Materialism*. New York and London: Verso, 2012.

———. *The Sublime Object of Ideology*. London and New York: Verso, 1989, 2008.

———. *The Ticklish Subject: The Absent Centre of Political Ontology*. New York and London: Verso, 2000.

结　论　新唯物主义？

本研究的题目——新唯物主义，是对那些具有新唯物主义因素的思想判断，认为一些思想家的理论是"新"唯物主义。这种新唯物主义与以前的唯物主义存在区别，或者说这种新唯物主义并不是简单的新瓶装旧酒。正如我在前言中所说的，新唯物主义的大部分内容局限于巴迪欧和齐泽克的思想中，其中阿尔都塞是他们思想的共同参照点，也是他们加以改造的共同思想背景。

通过研究阿尔都塞、巴迪欧和齐泽克三个人的唯物主义，比较他们的不同之处，揭示他们的共同关注点，以及他们分别面临的问题，本研究认为，巴迪欧后期的问题使他的唯物主义变得可疑，我们似乎可以得以结论，即我们现在处于一个评估这种唯物主义之"新"的时刻。为此，我想反其道而行之，先讨论几种相反的可能，先把我们可能判断为"不新"的路径展示出来。至少巴迪欧的唯物主义就不是一种新唯物主义，对此，我认为我们已经给出了一种解释，因为他的近期思想，以及他的某种（唯心主义）

的结构主义都存在类似的问题。在这里，我想考察一下巴迪欧的唯物主义和齐泽克的唯物主义之间的关系，同时也对迪克海姆的思想做一些解读。

在探讨阿尔都塞企图使自己区别于列维－斯特劳斯及其追随者的时候，我偶尔提到了迪克海姆，阿尔都塞认为，迪克海姆的"集体意识"加强在了某种结构王国之上。[1]进一步地，阿尔都塞对结构主义的这种批评也出现在第四章，作为约翰斯顿和奥斯本的巴迪欧研究的思想背景，也就是说巴迪欧的思想也存在结构主义的集体无意识的弱点。[2]阿尔都塞在使自己区别于列维－斯特劳斯的结构主义时提到迪克海姆，这并非偶然，正如我们已经在第二章中所讨论的，阿尔都塞与列维－斯特劳斯都精通于迪克海姆的思想。事实上，列维－斯特劳斯与当时其他的法国知识精英一样，是著名的法兰西学院的成员，该学院的成员还包括对我们来说的重要人物，如萨特。[3]

众所周知，法兰西学院虽然并不属于官方大学，但它却是一个知识分子和艺术家团体，1937—1939年，这些知识分子和艺术家频繁出入法国的咖啡店。法兰西学院的主要宗旨是组建一个分析学会，批判地审视权力、宗教、社会秩序、神学等的角色，以及相互关系。分析学会的研究建立在迪克海姆的相关理论上，在他的《宗教生活的因素构成》中，迪克海姆研究了社会与宗教之间的关系。[4]在我对法兰西学院的影响给出进一步说明之前，我先简要介绍一下迪克海姆本人的社会理论。

在本书的第二章我们可以看到，迪克海姆认为，在理解社会存在时，一个人不能只是从个体的主体视角出发，而需要理解支配主体视角的概念规律和规则，也就是"集体意识"。迪克海姆认为正是集体意识决定着其他因素（在某种程度上，它是集体意识的集合），在特定的社会中，集体意识赋予个体的意识以某种形式。规律和规则本身与集体意识本身并非协调一致的存在，但是它们却塑造和巩固了特定历史的展现形式，因为它们是单个群体借以理解自己并组织世界的范畴。

从迪克海姆的视角看，集体意识所展现的变化是历史地转变着的存在，这种变化从一个社会结构和组织转变成另一个，因此至少可以用集体意识来解释不同的规律和规则，以及它们在不同历史时期的社会中所结合的方式。然而，正如斯蒂芬·特纳所指出的，"这种解释存在局限，它没能说明真正的道德和宗教创新"，似乎仅仅结合之前存在的范畴就能产生"新"的可能。这种局限迪克海姆本人也意识到了，按照特纳的说明，迪克海姆提供了一个"集体活力（以便）弥补集体意识的局限性"[5]。

在迪克海姆的笔下，"集体活力"出现在集体的仪式性宗教实践中，在集体活力出现的时刻，仪式化个体通常所经验的"世俗"世界被驱逐，一个新的集体意识，以及一套集体表述得以形成。迪克海姆在解释这种时刻的个体经验时写道：

> 一个人不再认识他自己。他感到自己被来自某种外部的力量所占据，这种力量把他裹挟，使他以不同于日常的方式来思考和行动，他自然地感到自己不再是自己了……[6]

正如弗兰克·皮尔斯（Frank Pearce）所指出的，在法兰西学院的成员中，迪克海姆的这种思想被以不同的方式激进化，[7]人们不仅用迪克海姆的"集体活力"这一概念来解释社会（与个体）的转变，而且还用这一概念来区分"神圣"与"世俗"。在探讨这种激进化之前，我们需要更进一步地了解迪克海姆相关著作的内容。

对迪克海姆来说，"凡俗"世界是通常意义上的人们每天都经历着的经验世界。这个世界可以被概括为个体化，也就是说，我们所关注的只是（如果不是全部）我们与其他人的关系，或者与更大共同体的关系，在这样的情形下，事物运作的通常方式是一种凡俗的方式。正如迪克海姆对凡俗存在所描述的，"日常生活只是令人厌倦地重复着"。这种意义上的凡俗很像巴迪欧所说的前事件状态，也很像齐泽克所说的意识形态主体，它直接被捆绑在一个凡俗之物从中产生的世界上。这也就意味着，凡俗本身是一个个体化和规范化世界的产物。迪克海姆这样写道：

> 我们依附于这个凡俗世界，它是一个感官存在之网构成的世界，我们的生活建立在这个世界上。它不仅构成了我们活动的自然剧场，而且渗透于我们的每个前进方向中，它是我们的一部分。我们不能把自己与它分离开来，一旦分离，我们的天性就会遭到破坏，我们的本能就会受到侵害。

而我们前面所提到的群体活力时刻则不同，它脱离了日常存在的凡俗性。它建立起一座桥梁，让个体从"凡俗"的领域通向"神圣"的领域。迪克海姆认为，尽管活力时刻显然与任何宗教都没有什么关系，但它却呈现出所有的个体存在发生转换的印迹，他从自身（也就是凡俗的他）中脱离，从与其他人的关系中脱离，以至于他不再存在于世俗之中。在回顾历史上的这种时刻，并论述在群体活力时刻个体如何完成凡俗自我的解构时，迪克海姆写道：

> 在某些历史时期，在一些伟大的群体革命性事件影响下，社会交往更为频繁，也更为积极。个体的相互识别，以及"人以群分"的活动也更多。其结果就是革命的或创造性新时代，这个时代具有充满活力的普遍特征。现在这种超活力具有了普遍激发个体能量的效果，人们的生活变得与平时不同，而且比平时更有激情。**这种转变绝非微小的，也绝非量上的，而且人**

本身变成了另一种其他的存在。[10]

对人类的存在目的来说，这种"变成其他"再一次地至关重要。集体活力时刻在经历这个时刻的人身上打下烙印。如迪克海姆所说，有这种经历的人不再是平凡的个体，而是完全不同的另一个人，是完全的"他人"。也正是在这个意义上，法兰西学院通过"集体活力"这一概念，使迪克海姆的社会（与个体）转变之理论的激进化具有了重要性。对迪克海姆来说，"神圣的"与"凡俗的"代表着"内在是同质的，但彼此却是异质的现象或范畴"之间的区别。[11]也可以说，在迪克海姆的理论内部存在两种范畴，一种彼此之间虽然是异质的，但却部分是保留着同质性的群体秩序。然而，在法兰西学院的成员的手中，它们却变了味，皮尔斯以巴塔耶（Bataille）和柯林斯（Caillols）的解读为例指出，对巴塔耶来说，它们成了"异质性和同质性之间的区别"，[12]而对柯林斯来说，它们是现世性概念中盘踞着的区分。皮尔斯这样描述柯林斯的观点：

> 对柯林斯来说……神圣之物无论是在日常生活中，还是在原始社会的节日活动中（这些活动在当今社会大幅度地衰减了）都是关键性因素……日常生活倾向于有序、忙碌、安全和固定化。"时间是令人厌烦和疲倦的"，社会化繁衍又是必要的，这就使人们对于节日的热衷成为可能。节日活动释放出有活力的神性能量，这种能量与日常时间过程不同，并构成了社会秩序……[13]

无论巴迪欧和齐泽克的理论工程的意图有多么不同，考虑到迪克海姆与法兰西学院成员之间的关联，尤其是在对迪克海姆的理论进行转化和激进化

上的关联，我们不难发现巴迪欧与齐泽克也都对迪克海姆的理论进行了转
化。他们的理论中（被法兰西学院的成员所重构的迪克海姆思想）有以静态
（凡俗）和变化（神圣）为区分的两种"暂时性"，它们是集体活力中的涌现
之物，其中凡俗的个体化被集体性的事件／行动所取代。把巴迪欧的思想与
迪克海姆的思想联系起来，我们可以看到迪克海姆整体结构中的凡俗观念，
匹配于巴迪欧的作为客体和个体产生效果的逻辑的内在世界结构。

迪克海姆的凡俗世界与巴迪欧的前事件世界无疑是类似的，在凡俗世界
与前事件世界中，所有的事物都各就各位，任何不协调的东西都被剔除了，
万事万物都以世俗的方式运作。两种解释都把个体化作为相似性的关键，这
里需要指出的是，巴迪欧的理论建构中还有阿尔都塞与萨特的影响。我们所
讨论过的萨特的融合集体概念也是巴迪欧在建构事件理论时所欣赏和借鉴
的，而萨特也参与了法兰西学院，他的作品也会自然地受到迪克海姆理论的
影响，这是顺理成章的推测（正如法兰西学院成员所阐释的），萨特所吸收
的内容最终又被巴迪欧所吸收。

更进一步地说，迪克海姆理论中的集体意识的形式化结构处于主体意识
世界之外，但它却是个体产生对自身与世界的意识的形式化背景，这一点我
们在第四章曾提到。从这个角度看，迪克海姆的集体意识的形式结构与巴迪
欧的产生效果的整体具有同构性。从这一角度也不难发现，巴迪欧的理论并
不是一种新理论，相反，他的理论只是一种唯物主义的新迪克海姆主义（尽
管他本人没有意识到这一点，但他的理论不过是对法兰西学院思想的无意识
继承）。

而在齐泽克的行动理论中也有迪克海姆的集体活力论的影子。其中凡俗
自我被流放，一种个体化之外的新可能性取而代之，不再是环境把规定强加
在个体之上，相反，是主体自己的行动把规则和条件赋予环境，主体在自我
反思中重新制订规则（正如第六章所论述的），这样主体也就能够把自己当

作是普遍性（否定 / 现实）的一部分，而不只是特殊性（被决定的 / 凡俗的）。需要指出的是，上述论点并不意味着我感兴趣于知识分子的影响力，要在这方面做出大胆的推测，事实上，我只是想指出某些理论的转变不应该，也不能被当作是完全新的、非连续的。不仅历史变迁是连续的，某些理论因素从一种变为另一种的转变和提升，从而进入下一个阶段也是连续的（我们研究的大多数内容是进行这种阐释），而且，支撑巴迪欧和齐泽克各自的理论（以及他们与阿尔都塞的关系）的问题与方法也不能被当作是全新的、非连续的。

进而言之，就阿尔都塞的马克思主义哲学观（建立于马克思与黑格尔 / 费尔巴哈决裂后）而言，我认为，无论是巴迪欧，还是齐泽克都转到了对马克思的这种理解上，这是完全正确的。而且在评论其他对他们有影响的思想家上，巴迪欧和齐泽克也都为我们提供了某些令人深思的深刻见解，其深刻程度不亚于阿尔都塞对马克思的解读。因此，可以说，不仅他们本人在理论方面做出了某些"创新"，而且在评论其他理论上也有可取之处。在某种意义上，阿尔都塞、巴迪欧与齐泽克都至少部分的是马克思的杰出解读者，也是其他影响他们的哲学家的杰出解读者。

无论如何，我们需要指出的是，所谓新唯物主义的"新"是指上述思想家重新思考了他们所分析和继承的概念和范畴，而不是完全的"新"。而且，我们也可以说，对巴迪欧和齐泽克来说，他们唯物主义中的新是旧普遍主义的再生之"新"，但这里也遭遇到一种新的形式化，正如在经验中所遇到的（以及在经验之外所遇到的）。再一次的，在追求"神圣"的道路上，迪克海姆的"神圣"概念与集体概念进入人们的视野，它们似乎唯物地出现在集体活力发生的时刻，而重要的是要探索如何使这种时刻可持续。正如巴迪欧在《世界的逻辑》中所说，"然而我既不需要上帝，也不需要神圣之物。我相信，就是在此时此地，我们产生并复活了我们自己的永恒性。"[14]

结论注释

1. See chapter 2.

2. See chapter 4.

3. Alexander T. Riley, "Renegade Durkheimianism and the Transgressive Left Sacred" in *The Cambridge Companion to Durkheim*, edited by Jeffrey C. Alexander and Philip Smith (Cambridge and New York: Cambridge University Press, 2005), 290.

4. See Emile Durkheim, *The Elementary Forms of Religious Life*, translated by Joseph Ward Swain (New York: Free Press, 1968).

5. Stephen Turner, "Introduction" in *Emile Durkheim: Sociologist and Moralist*, edited by Stephen Turner (New York and London: Routledge, 1993), 7.

6. Durkheim, *Elementary Forms*, 249.

7. Frank Pearce, "Introduction: The *Collège de Sociologie* and French Social Thought" in *Economy and Society*, Vol. 45, No. 3 (2002), 1–6.

8. Durkheim, *Elementary Forms*, 250.

9. Ibid., 231.

10. Ibid., 158, my emphasis.

11. Ibid.

12. Ibid.

13. Ibid.

14. Badiou, *Logics of Worlds*, translated by Alberto Toscano (London and New York: Continuum, 2009), 513.

参考书目

Badiou, Alain. *Logics of Worlds*. Translated by Alberto Toscano. London and New York: Continuum, 2009.

Durkheim, Emile. *The Elementary Forms of Religious Life*. Translated by Joseph Ward Swain. New York: Free Press, 1968.

Pearce, Frank. "Introduction: The *Collège de Sociologie* and French Social Thought" in *Economy and Society*. Vol. 45, No. 3 (2002). 1–6.

Riley, Alexander T. "Renegade Durkheimianism and the Transgressive Left Sacred" in *The Cambridge Companion to Durkheim*. Edited by Jeffrey C. Alexander and Philip Smith. Cambridge and New York: Cambridge University Press, 2005.

Turner, Stephen. "Introduction" in *Emile Durkheim: Sociologist and Moralist*. Edited by Stephen Turner. New York and London: Routledge, 1993. 1–22.

致　谢

2009—2012 年，我在南佛罗里达大学攻读博士学位，研究"新唯物主义"，这本书是由当时的毕业论文修改而成的。我首先要感谢我的博士论文指导教授斯蒂芬·特纳。多年来，斯蒂芬的友情、鼓励和指导不仅非常有帮助，而且对我来说意义重大。我也要感谢阿德里安·约翰斯顿。在撰写论文的初级阶段，阿德里安提供了慷慨的、无价的帮助，我的博士论文之所以能出版，得益于他在这一阶段提出的许多宝贵建议。此外，我还要感谢我论文评审委员会的其他成员：奥菲利亚·舒特、查理·吉尼翁和迈克尔·莫里斯，在我的写作过程中，他们提供了大量的专业意见。我还要特别感谢那些与我一起学习和成长的好友和同学们，我们在一起的这几年里，大家花费大量时间讨论哲学问题，本书中的许多观点正是受益于这些讨论，不仅如此，我的这些同学和朋友们还阅读了我写于不同阶段的相关文稿，并提出富有启发的见解，他们是：韦斯特·格利、威廉·科赫和约斯·哈罗德。还有很多其他需要感谢的人，在此不能一一赘述，但我还是要特别提及一个人，他就是阿贡·哈扎，是他最近一直支持我的写作，一直无私地帮助我，并且阅读我写的东西，提出了不可多得的建议。最后，我还要感谢我的家人，莫里和艾伦，这本书就是献给他们的，没有他们的爱与支持，这本书就不可能出版。我的父亲丹尼斯、母亲邦尼，不仅教给我很多处世之道，而且始终支持我在学术上的追求，在此，我也要感谢他们。

本书部分章节的内容或者曾经在其他杂志和出版社发表、出版过，或者将以修改版本呈现在其他研究项目中，如"齐泽克的消极性（积极性）研究，或作为积极可能性的消极性"，发表于《当前社会理论》第 29 卷（2011 年 10 月）；"论阿德里安·约翰斯顿、巴迪欧、齐泽克和政治变迁：变化的节奏"，《人文研究》第 33 卷第 3 期（2010 年），359—364 页。我要感谢这些期刊 / 卷册的编辑们允许我将这些文章结集出版。